Zum ewigen Frieden

Rumo à Paz Perpétua

© Copyright da tradução – 2010
Ícone Editora Ltda.

Conselho Editorial
Cláudio Gastão Junqueira de Castro
Diamantino Fernandes Trindade
Dorival Bonora Jr.
José Luiz Del Roio
Marcio Pugliesi
Marcos Del Roio
Neusa Dal Ri
Tereza Isenburg
Ursulino dos Santos Isidoro
Vinícius Cavalari

Tradução
Heloísa Sarzana Pugliesi

RevisãoTécnica de Tradução
Márcio Pugliesi

Revisão
Rosa Maria Cury Cardoso

Projeto Gráfico, Capa e Diagramação
Richard Veiga

Proibida a reprodução total ou parcial desta obra, de qualquer forma ou meio eletrônico, mecânico, inclusive através de processos xerográficos, sem permissão expressa do editor. (Lei nº 9.610/98)

Todos os direitos reservados para:
ÍCONE EDITORA LTDA.
Rua Anhanguera, 56 – Barra Funda
CEP: 01135-000 – São Paulo/SP
Fone/Fax.: (11) 3392-7771
www.iconeeditora.com.br
iconevendas@iconeeditora.com.br

Immanuel Kant

Zum ewigen Frieden

Rumo à Paz Perpétua

Tradução:
Heloísa Sarzana Pugliesi
Filosofia/PUC-SP

Estudo preliminar, Revisão Técnica e Notas
Márcio Pugliesi
*Doutor em Filosofia e Teoria Geral do
Direito pela Universidade de São Paulo
Doutor em Filosofia pela Pontifícia
Universidade Católica de São Paulo*

Edição Bilingue
Alemão – Português

1ª edição
Brasil – 2010

Dados Internacionais de Catalogação na Publicação (CIP)
(Câmara Brasileira do Livro, SP, Brasil)

Kant, Immanuel, 1724-1804.
    Rumo à paz perpétua / Immanuel Kant ; tradução
Heloísa Sarzana Pugliesi. -- São Paulo : Ícone,
2010.

    Título original: Zum Ewigen Frieden.
    Ed. bilíngue: alemão/português
    Bibliografia.
    ISBN 978-85-274-1080-9

    1. Paz I. Título.

10-00362   CDD-172

Índices para catálogo sistemático:

1. Kant : Paz : Filosofia   172

'*Habent sua fata libeli*[1]', de fato, poucos textos filosóficos continuam tão atuais e discutidos quanto a obra ora vertida ao português: *Rumo à Paz Perpétua*[2] (*'Zum ewigen Frieden'*), de Emmanuel Kant (1724-1804), publicada originalmente no ano de 1795, em que o filósofo de Könisberg vê a paz como o único e exclusivo caminho para a formação e mantença de um Estado mundial. Como o próprio Kant escreveu na Conclusão de sua Doutrina do Direito[3] (Rechtslehre):

"<...> Por conseguinte, não se trata de saber se a paz perpétua é possível na realidade ou não, nem se nos enganamos em nosso juízo prático quando opinamos pela afirmativa, mas sim que devamos proceder como se este suposto, que talvez não se realizará, devesse, no entanto, realizar-se e tratar de estabelecer entre nós a constituição (talvez o republicanismo de todos os Estados em conjunto e em particular) que nos pareça mais própria para alcançar esse fim e pôr termo à guerra execrável, objeto ao qual, todos os Estados, sem exceção, têm dirigido até hoje suas instituições interiores, como para seu fim principal. E, ainda, quando tal fim não devesse passar nunca de uma pura aspiração, seguramente não nos enganamos tomando por máxima o dirigir-nos para ele, visto que é um dever. <...> Pode-se dizer que o tratado de paz universal e duradouro é não somente uma parte, mas todo o fim do direito, considerado nos limites da simples razão; porque o estado de paz é

---

1. Os livros têm seu destino. (N.E.)

2. A tradução do título dessa obra apresenta problemas ao tradutor: *Zum ewigen Frieden* poderia ser vertido como Sobre a Paz Perpétua (*Vom ewigen Frieden*), como acontece em várias edições, mas Contribuições ao problema da Paz Perpétua (*Beiträge zum ewigen Frieden*) não seria de todo inaceitável ou, inclusive, segundo o cartaz da hospedaria a que faz referência em sua obra: *Para a Paz Perpétua* ou mesmo *A Paz Perpétua*. Preferiu-se, adotar o título *Rumo à Paz Perpétua* tendo em vista o sentido geral da obra, uma busca, um direcionamento, um estar a caminho (*unterwegs, zum*) ao inatingível, mas desejável. Lembra-se, finalmente, que essa pequena grande obra recebeu, em sua origem, o título de: *Zum ewigen Frieden ein philosophischer Entwurf* (Um projeto filosófico para a paz perpétua).

3. Emmanuel Kant. *Doutrina do Direito.* trad. Edson Bini, São Paulo: Ícone, 1993.

o único em que o Meu e o Teu estão garantidos por leis em meio a homens que mantêm relação constante entre si, e por conseguinte vivem reunidos sob uma constituição. Porém, a regra dessa constituição não deve ser buscada na experiência daqueles junto a quem tem ido bem até agora, devendo sim ser deduzida *a priori* pela razão do ideal de uma associação jurídica dos homens sob leis públicas em geral. <...> Porque, que coisa há de mais sublime, se assim se pode dizer, do que essa mesma ideia que <...> alcança um valor objetivo inquestionável e inquestionado; Ideia que a experiência confirma e a única que, não ensaiada nem introduzida na prática pela violência das revoluções, isto é, pelo transtorno de uma constituição defeituosa, (porque nestas terríveis sacudidas, basta um instante para anular todo o estado jurídico), mas, ao contrário, realizada por meio de uma reforma lenta, insensível e segundo princípios firmes, pode conduzir à paz perpétua, por meio de uma aproximação perpétua do soberano bem político!" (pp. 205-207).

Muita vez se vê nesse texto o horizonte de uma discussão permanente das relações internacionais e do direito[4] internacional público numa quase continuidade, da obra de 1625, devida a Hugo Grotius[5] ou em diálogo com a do Abade de Saint-Pierre[6], ou mais remotamente com obra de Samuel von

---

[4] É importante, desde logo, indicar que em sua Introdução à *Doutrina do Direito* (1797), Kant estabelece uma diferença entre direitos (Rechte, plural) e o direito (Recht, singular): Da aber der Begriff des Rechts als ein reiner, jedoch auf die Praxis (Anwendung auf in der Erfahrung vorkommende Fälle) gestellter Begriff ist, mithin ein *metaphysisches* System desselben in seiner Eintheilung auch auf die empirische Mannigfaltigkeit jener Fälle Rucksicht nehmen mußte, um die Eintheilung vollständig zu machen (welches zur Errichtung eines Systems der Vernunft eine unerläßliche Forderung ist), Vollständigkeit der Eintheilung des Empirischen aber unmöglich ist, und, wo sie versucht wird (wenigstens um ihr nahe zu kommen), solche Begriffe nicht als integrirende Theile in das System, sondern nur als Beispiele in die Anmerkungen kommen können: so wird der fur den ersten Theil der Metaphysik der Sitten allein schickliche Ausdruck sein *metaphysische Anfangsgründe der Rechtslehre*: weil in Rucksicht auf jene Fälle der Anwendung nur Annäherung zum System, nicht dieses selbst erwartet werden kann."(Ak. B. 6, S. 205f./ AB III)] (isto é : "O conceito do direito é um conceito puro, embora baseado na práxis (aplicação a casos dados na experiência), devendo, pois, um sistema metafísico do mesmo levar em consideração em sua divisão também a multiplicidade empírica daqueles casos, para tornar completa a divisão (o que é uma exigência indispensável para o estabelecimento de um sistema da razão), mas a completude da divisão do empírico é impossível, e, sempre que intentada (pelo menos para dela se aproximar), tais conceitos não podem entrar no sistema como parte integrante, mas apenas aparecer nas observações como exemplos; assim, a única expressão apropriada para a primeira parte da metafísica dos costumes será *princípios metafísicos da doutrina do Direito*, porque em vista daqueles casos da aplicação só se pode esperar aproximação ao sistema, e não o próprio sistema."). Mostrando, dessarte, que os direitos podem ser alcançados por inspeção empírica, enquanto o Direito se posta no noumenal.

[5]. *De Jure Belli Ac Pacis*: em tradução e a ser lançada pela Ícone.

[6]. Abbé de Saint-Pierre. *Projeto para tornar perpétua a Paz na Europa*. trad. Sérgio Duarte. Brasília: UnB, 2003.

Pufendorf.: '*De officio hominis et civis secundum legem naturale libri duo*', publicada em Lund, em 1673, mas assim não é[7].

O assunto já havia merecido muito labor de estudiosos, assim o *Dell'arte della guerra* de Maquiavel (1520) apresentou as regras que julgava essenciais para efeito de recuperar o estilo dos antigos exércitos para efeito da manutenção do poder e a brevidade da guerra. Agostinho de Hipona acreditava que era benéfico: "não buscar a paz para fazer a guerra, mas a guerra para conquistar a paz". O ideal de paz humanista e ilustrado, como aquele de Erasmo de Roterdão manifestado em seu ensaio *De Quaerela pacis* (1517), o de Juan Luis Vives por seus *De concordia et discordia in humano gerere* e *De pacificatione* (1529) ou Jan Amos Komensky (Comenius) com os seus *O anjo da Paz* (1667) e o *Consulta sobre a melhoria dos negócios humanos* (1657), que serviram para muita discussão e mesmo projetos de paz perpétua e de organização internacional, como os do Rei George da Boêmia; Henry IV de França; Dante; Rousseau – todos sem referência ao Direito que, em função do chamado Direito das Gentes, via na guerra uma possibilidade, segundo as regras, de resolver divergências entre soberanias.

Parecem, pela linha argumentativa, antecessores de Kant: Samuel von Pufendorf, professor em Heidelberg, que apresenta em seu *De Jure Naturae et Gentium libri octo* (1672) os temas de Hobbes e Grotius, um comentário sintético que servirá de inspiração ao despotismo esclarecido, principalmente, por via da tradução francesa de 1706.

Christian Wolff (1679-1754) volta a Leibniz, com seu otimismo característico (tão ridicularizado por Voltaire em seu *Candide*) e retoma o conceito medieval de *humana civilitas,* em seu *Institutiones Juris Naturae et Gentium*, lido por Kant, obra em que sustenta seja esta sociedade estabelecida entre todos os Estados, objetivando a salvação comum destes, uma *civitas maxima*, cujos membros, ou por assim dizer, os cidadãos, são os Estados e que seria, a *civitas maxima*, uma *societas universalis omnium hominum* e, por conseguinte, uma *societas necessaria.*

---

7. Basta insistir que em Kant há uma fundamental diferença entre o que é fenomênico (empírico) e o transcendental (noumênico). O trecho abaixo, extraído de '*Doutrina do Direito*' explicita a questão em termos do direito: ["Es wird daher hiermit, so wie mit den (fruheren) metaphysischen Anfangsgrunden der Naturwissenschaft, auch hier gehalten werden: nämlich das Recht, was zum a priori entworfenen System gehört, in den Text, die Rechte aber, welche auf besondere Erfahrungsfälle bezogen werden, in zum Theil weitläuftige Anmerkungen zu bringen:weil sonst das, was hier Metaphysik ist, von dem, was empirische Rechtspraxis ist, nicht wohl unterschieden werden könnte."(S. 207)]. ("Por isto, far-se-á aqui também, como nos (precedentes) princípios metafísicos da ciência da natureza: ou seja, apresentar no texto o direito, que pertence ao sistema projetado *a priori*, mas em observações mais ou menos extensas, os direitos, que se referem a casos particulares da experiência, pois de outro modo não se poderia distinguir bem aquilo o que é metafísica daquilo que é práxis jurídica empírica.)

Christian Thomasius (1655-1728) pensa em uma *societas gentium* (*sub uno capite* – uniões de pessoas) que não seria uma *republica universalis*, mas uma *societas aequalis* que não teria *imperium* e seria uma *imperfectior civitate*, concebendo a existência de uma sociedade mais perfeita que os Estados, *societas perfectior* civitate (uniões de realeza), e distinguindo entre uma *societas inter plures respublicas confoederatas* (ligas de estados (*Staatenbünde*), constituída apenas para um objeto definido (*certae utilitatis gratia*) de um *systema civitatum* (federações (*Bundesstaat*)), uma união perpétua com fins indefinidos – *perpetua unio (...) indefinitae gratiae causa*.

Jeremy Bentham, cujo *Um plano para uma paz universal e perpétua* (1786-1789) um projeto de claro alcance universal coerente com uma filosofia realista e pragmática (condenando a diplomacia secreta e instando o desarmamento, a publicidade das negociações e o abandono das colônias) e o Abade de Saint-Pierre (Charles Irenée Castel de Saint-Pierre) cuja obra publicada em três volumes, os dois primeiros: *Projet pour rendre la paix perpétuelle en Europe* (1713) em Utrecht e o terceiro, em 1717, sob o título *Projet de Traité pour rendre la paix perpétuelle entre les souveraines chrétiens*, pela sua pouca divulgação e enorme extensão só se tornou acessível pela condensação de Rousseau: *Jugement sur le projet de paix perpétuelle de l'abbé de Saint Pierre* (entre 1761 e 1782).

Não era possível aos autores citados acima, pelo desenvolvimento do sistema de produção, a compreensão que Kant desenvolveu sobre as aspirações burguesas, sobre essa visão de mundo, ainda revolucionária a seu tempo e que se transformará em impulso restaurador na obra do segundo Fichte e peculiarmente em Hegel que transforma o sujeito burguês construído cuidadosamente na obra kantiana em cidadão e prepara o advento do sujeito coletivo (a classe social) em Marx.

Esse trânsito indica a necessidade de constituir um mundo pacífico, para Kant, a fim de que a propriedade burguesa e sua fruição sejam asseguradas pelo Estado, como se viu no trecho transcrito de sua doutrina do Direito ("o estado de paz é o único em que o Meu e o Teu estão garantidos por *leis* em meio a homens que mantêm relação constante entre si, e por conseguinte vivem reunidos sob uma constituição").

A construção kantiana, presente em particular, na obra *Fundamentação à Metafísica dos Costumes* pode ser vista como equivalente dos 'Prolegomena' para a *Crítica da Razão Pura*, frente ao texto da *Crítica da Razão Prática:* pois busca apresentar os conceitos básicos que assegurem, por uma moral reduzida à singularidade, as regras centrais de funcionamento da sociedade burguesa. Poder-se-ia afirmar, sem grandes receios de equívoco, que a obra kantiana serve de esteio para todo o desenvolvimento das doutrinas do direito burguês e da

concepção de um sujeito que é proprietário de direitos e deveres, adentrando a presente era e dando-lhe suporte filosófico[8]. A própria imagem de Deus, em Kant, parece ser a de um bom burguês proprietário de todos os direitos e não submisso a qualquer dever[9]. Dessarte, afasta argumentos teológicos e cinge-se aos filosóficos, pois a Razão deve promover o entendimento e a paz mundial. Em seu *Ideen zu einer Geschichte der Menschheit in Weltbürgerlicher Absicht*, de 1784, defende uma república universal em que cada Estado pudesse esperar a sua segurança e os seus direitos, não do seu próprio poder ou do seu próprio juízo jurídico, mas apenas dessa grande sociedade das nações (*foedus amphictyonum*), duma força unida e da decisão da vontade comum

---

8. As concepções universalistas dos direitos humanos, de que este projeto de paz perpétua constitui um exemplo importante, aproximam-se, as mais das vezes, do jusnaturalismo e de explicitações de 'direitos naturais' (de fato construtos defluentes da organização dos modos de produção, da cultura e do poder) em modelos do contrato social, como se pode ver nos pioneiros: Locke, Rousseau e Kant. O cosmopolitismo, de moldura kantiana, parece ser, com essas ressalvas, um modelo apropriado para lidar com conflitos tais como o relativismo cultural e as posturas dogmáticas de doutrinas abrangentes com fortes características ideológicas. Mas, o cosmopolitismo kantiano mostrou-se limitado em suas aspirações universalistas de liberdade e igualdade, em claros lindes da primeira burguesia e foi muito criticada pela concepção abstrata e individualista da visão moral kantiana, indutora de um modelo de sujeito rapidamente superado pela de cidadão hegeliano e do sujeito coletivo (a classe social) de Marx.

9. Muitos atribuirão a Kant – com algum exagero – a morte de Deus, mas o texto (*Opus Postumum*: Liasse VII, Ft. X, p. 2): "Deus só tem direitos, nenhum dever. O suprassensível não é objeto de experiência (*non dabile sed mere cogitabile*), é o juízo por analogia simplesmente: concebe-se o dever como uma ordem divina, como relação com uma pessoa. – O homem é submisso ao Imperativo do dever. Há um Deus na alma, mas há um em a Natureza? *O ens rationis* difere do *ens rationabile*, um é *dabile* – o outro apenas *cogitabile*. A substância é a coisa em si ... se é consciente de sua liberdade, é uma pessoa, tem direitos. Não se pode demonstrar a existência de uma coisa *a priori* diretamente por um princípio de juízo analítico ou sintético... Querer provar a existência de Deus diretamente é contraditório: *a posse ad esse non valet consequentia*. Só resta a prova indireta (prática ...) em que se conclui do dever ao *poder*. Há no espírito do homem um princípio de moral prática ao qual se deve obedecer, o imperativo categórico... A ideia de (Deus) deriva desse imperativo – não inversamente – um deus é concebido subjetivamente, necessariamente pela razão prática e não é dada objetivamente: é lá que se funda o conhecimento dos deveres como ordens divinas. O Imperativo é incondicionado, nem mesmo depende do princípio da razão prática técnica. Não há, fora de mim, uma substância hipotética da qual postulo a existência para explicar certos fenômenos. (Ft. X, p. 3) O Imperativo exprime uma vontade moral, santa, incondicional, todo-poderosa, que não nenhuma necessidade de pendores e não os admite: independente une liberdade e lei. Deus, como ser da natureza, é uma hipótese explicativa dos fenômenos, como o éter é aceito para fazer do espaço um objeto dos sentidos. Entre os conceitos racionais (pois os do entendimento são apenas formais) aquele do dever ... visto que leva ao fim último, é o mais essencial. É preciso que haja uma *potestas legislatoria*, pelo menos se deve concebê-la, que sancione as leis (morais), apenas em ideia (é verdade), que só pode ser aquela do Ser soberano do ponto de vista moral e físico. Assim se justifica a proposição: Deus existe." (1950: pp. 136-137), representa, sem dúvida, um amplo esclarecimento da posição da divindade em Kant.

fundamentada em leis. A república universal (*Weltrepublik*) em Kant constitui, assim, um princípio regulador, um imperativo categórico. Para ele, o direito dos Estados (*Staatenrecht, ius publicum civitatum*) é um direito precário, mostrando-se imprescindível uma união de Estados (*Staatsverein*) ou um Estado dos povos (*Völkerstaat, civitas gentium*), com um direito cosmopolita (*ius cosmopoliticum*), um direito das gentes que levaria a uma liga de povos (*Völkerbund*) sem poder soberano, uma espécie de federação (*Genossenschaft, Föderalitat, foedus Amphyctionum*), sempre denunciável, tudo, dentro da sua classificação tripartida do direito público, num crescendo que começa pelo direito político (*Staatsrecht*), tem como ponto médio o direito das gentes (*Völkerrecht*), e culmina no direito cosmopolita (*Weltbürgerrecht*).

Realiza-se, dessarte, o mesmo imperativo que impõe um Estado-razão, enquanto exigência para se superar o estado de natureza, visando estabelecer o reinado do direito na sociedade das nações. E isto porque a paz pelo direito não é uma quimera, mas um problema a resolver, consequência do reinado do direito, que o progresso um dia estabelecerá .

No *Ideias para uma História da Humanidade de um ponto de vista cosmopolita*, Kant considera que:

"*o maior problema da espécie humana, a cuja solução a natureza força o homem, é o estabelecimento de uma sociedade civil, que administre universalmente o direito*, isto é, *a criação de uma sociedade, em que a liberdade, submetida a leis externas, se encontre ligada, o mais estreitamente possível, a um poder irresistível, isto é, à criação duma constituição civil e perfeitamente justa. Ora este problema é, simultaneamente, o mais difícil e o que mais tardiamente é resolvido pela espécie humana*, porque *o problema do estabelecimento de uma constituição civil perfeita depende do problema das relações legais entre os Estados, e não pode ser resolvido sem se encontrar a solução deste segundo.*

Por visionária que esta ideia possa parecer (...) ela é todavia a inevitável saída do estado de miséria em que os homens se põem uns aos outros, miséria essa que forçará os Estados (por muito que lhes custe) exatamente à resolução a que foi forçado, embora contra a sua vontade, o homem selvagem: a de renunciar à sua brutal liberdade e procurar tranquilidade e segurança numa constituição legalmente estabelecida. Assim, todas as guerras são apenas outras tantas tentativas (não na intenção dos homens, mas na da natureza) para suscitar novas relações entre os Estados, e, através da destruição, ou pelo menos do desmembramento dos antigos, formar novos corpos, que por sua vez não são capazes de se manter em si mesmos ou em relação aos outros, pelo que terão de passar por novas e semelhantes revoluções; até que, finalmente, em parte devido à melhor ordenação possível da

constituição civil, internamente, em parte devido a acordos comuns e à legislação, externamente, se conseguirá um estado de coisas que, à semelhança de uma comunidade civil, será capaz de se manter por si mesmo como um autômato."

Mas, o projeto, de fato, se estrutura neste *Rumo à Paz Perpétua* e já na primeira seção apresenta uma série de artigos aptos a instituir essa paz entre os Estados:

> *1º Nenhum tratado de paz deve valer como tal, se foi concluído reservando-se tacitamente matéria para uma guerra futura.*

Para Kant este tratado seria só armistício, uma trégua e não poderia ser chamado de um estado de paz perpétua.

> *2º Nenhum Estado independente (pequeno ou grande, pouco importa aqui) poderá ser adquirido por outro Estado, por herança, troca, compra ou doação.*

Um Estado não é apenas um patrimônio, mas representa uma sociedade humana. A aquisição da Louisiania (EUA X França), por exemplo, não seria pensável segundo seu projeto.

> *3º Os exércitos permanentes (*miles perpetuus, stehende Heer*) devem ser inteiramente suprimidos com o tempo.*

Isso importaria na possibilidade constante de guerra – pois o Estado só poderia suportar tropas se essas fossem necessárias em algum momento.

> *4º Não se podem contrair dívidas públicas tendo em vista conflitos externos do Estado.*

Uma cláusula limitante de o esforço militar a partir do orçamento. Essa regra apresenta importância para efeito da restrição do poder executivo por medidas originárias do poder legislativo. Esse último poder perde de vista, com frequência, a sua força determinante no momento de votar aditivos e emendas ao orçamento. Fator que Kant mostra não desconhecer.

> *5º Nenhum Estado deve intervir pela força na constituição e no governo de outro Estado.*

Mesmo o reconhecimento da independência de um Estado por outro estaria incluído nesse requisito? Bloqueios comerciais como previstos pela Carta da ONU? Qual o papel das forças de paz da OTAN e da própria ONU?

6º Nenhum Estado, em guerra com outro, deve permitir hostilidades de natureza tal que tornem impossível a confiança recíproca por ocasião da futura paz: por exemplo: a utilização de assassinatos, de envenenamentos, da violação de uma capitulação, da maquinação da traição no Estado com o qual se está em guerra.

E a ação dos serviços de inteligência – seria admissível? As propostas excessivamente danosas do período de negociação (barganha) seriam impedimentos para o estabelecimento de futuras alianças? Bloqueios comerciais seriam admissíveis?

Apresenta os artigos definitivos tendo em vista a paz perpétua entre os Estados na Segunda Seção:

1º Em todo o Estado a constituição deve ser republicana[10].

Considera que a constituição primeiramente instituída seguindo os princípios da liberdade pertence aos membros de uma sociedade (homens); em segundo lugar, seguindo os princípios da dependência de todos (súditos), de uma única legislação comum e, em terceiro lugar, conforme à igualdade desses súditos (cidadãos), i.e., nesta obra, constituição republicana será aquela

---

10. É particularmente instrutiva a contribuição de Hannah ARENDT. *Crises da República.* Trad. José Volkmann, rev. Antenor Celestino de Souza. São Paulo: Perspectiva, 1973, ao falar da violência e, também significativas suas ponderações em 'Será que a política ainda tem de algum modo um sentido: inserto em Hannah ARENDT. A Dignidade da Política – ensaios e Conferências. Trad. Helena Martins *et allii*, org. introd. e rev. tec. Antonio Abranches. Rio de Janeiro: Relume-Dumará, 1993, em particular: "<...> Se o sentido da política é a liberdade, então isso significa que nós, nesse espaço, e em nenhum outro, temos de fato o direito de ter a expectativa de milagres. Não porque acreditemos (religiosamente) em milagres, mas porque os homens, enquanto puderem agir, são aptos a realizar o improvável e o imprevisível, e realizam-no continuamente, quer saibam disso, quer não. A questão se a política ainda tem de algum modo um sentido remete-nos necessariamente de volta à questão do sentido da política; e isto ocorre exatamente quando ela termina em uma crença nos milagres – e em que outro lugar poderia terminar?" (p. 122). Texto que revela o pressuposto dessas elaborações sobre a paz perpétua: o milagre (miraculum = o que deve ser admirado, visto) pois essa é a base do respeito (respectare = olhar de novo) que merece o humano convívio.

estabelecida em conformidade com os princípios da liberdade dos sujeitos de uma sociedade, da dependência coletiva de uma legislação comum e da igualdade entre os cidadãos, sendo a constituição republicana a única a derivar da ideia de um contrato originário e sobre o qual as demais normas jurídicas devem se fundar.

2º O direito das gentes deve ser fundado sobre um federalismo de Estados livres.

Estados, para Kant, podem ser julgados como sujeitos coletivos, pois sem leis exteriores que os alcancem, produzem danos mútuos pela simples vizinhança que os obriga a providências para garantir sua segurança recíproca. Assim, a assunção de Constituição no âmbito interno é modelo adequado para que assumam Constituição em que seus direitos sejam garantidos, numa perspectiva burguesa de garantia de propriedade de direitos, por uma liga de povos. Isto constituiria uma liga de povos (*Völkerbund*) e que poderia chegar a Estado de povos (*Völkerstaat, civitas gentium*). Essa garantia é relativa vez que os povos não atuam como se houvesse um tribunal, ao contrário, buscam seus direitos pela guerra e os tratados de paz apenas adiam novos conflitos. Apenas pela *civitas gentium* e a manutenção da paz poder-se-ia esperar um Estado que conglobasse todos os povos.

3º O direito cosmopolita[11] deve limitar-se às condições de hospitalidade universal.

A hospitalidade, desde os antigos, consiste em problema de gestão política, aqui se restringe a não tratar como inimigo qualquer estrangeiro que entre em qualquer outro país.

Posto isso, ingressa no Suplemento em que ratifica as condições para uma paz perpétua nesse tratado racional para atingir a paz perpétua com a base normativa que pretende legitimar todos os demais tratados que se fundem num Direito Público positivado, num Direito Internacional Público que tenha como finalidade – a paz, e não a simples trégua.

Afasta-se, assim, por não seguir o viés jurídico e sim o filosófico, de Grotius e von Pufendorf, que admitiam o direito à guerra como argumento final dos Estados. Kant percebe que um tratado de paz não constitui garantia segura para cessar o dissentimento entre nações e, por essa razão propõe a criação de uma liga das nações mediante um contrato social original entre os

---

11. Alguns, como o tradutor de *Doutrina do Direito* (1993), preferem cosmopolítico para acentuar sua característica estatal.

Estados, um congresso permanente de Estados, ao qual todo país está livre para juntar-se, a exemplo do que se vê, atualmente, na formação da União Europeia, entre outros blocos de integração regional[12], momento de fortalecimento econômico e aumento de expectativa de paz na Europa. Apenas sendo submissos, os Estados, ao direito das gentes será possível pôr fim à guerra e garantir-se a propriedade (território) e independência dos Estados, numa clara analogia do que deve ocorrer com a adesão dos particulares ao pacto social originário.

---

12. Conforme já se pôde mostrar em Márcio PUGLIESI. *Por uma Teoria do Direito: aspectos microssistêmicos*. São Paulo: RCS, 2005. Esse não é o caso da ALCA que visa apenas relações comerciais entre os Estados-membros. No caso da Comunidade Econômica Europeia (CEE), vários tratados foram necessários para solidificar a comunidade, assim, por exemplo, em 1992, foi assinado, em Maastricht, o Tratado da União Europeia; alterado em 1997 pelo Tratado de Amsterdã e, em 2001, pelo Tratado de Nice. Esses Tratados alteram os conceitos clássicos de Soberania e Direito Internacional, criando uma nova fase no processo de integração – o modelo comunitário, em que os Estados delegam parcela de sua soberania para organismos transnacionais que administram aspectos de interesse coletivo como, v.g., as questões monetárias (o euro) e favorecendo o surgimento e expansão de um Direito Comunitário que tem como características essenciais, em virtude do Tratado de Roma: a autonomia (normas uniformemente exigíveis em todo país-membro), a primazia (superioridade sobre as normas internas dos países-membros), a aplicabilidade direta (não carecem de incorporação aos ordenamentos singulares para efeito de sua eficácia), o efeito jurídico imediato e a aplicabilidade de sanção ao Estado-membro que não cumprir a norma comunitária pelo Tribunal de Justiça da Comunidade Europeia.

Referências e Bibliografia

ADORNO, Theodor. & HORKHEIMER, Max. **Dialética do esclarecimento: fragmentos filosóficos.** Trad.: Guido Antonio de Almeida, Rio de Janeiro: Jorge Zahar, 1986.

ARAMAYO, Roberto R.; MUGUERZA, Javier; Roldán, Concha, (Eds.). **La paz y el ideal cosmopolita de la ilustración. A propósito del bicentenario de Hacia la paz perpetua de Kant.** Madrid: Tecnos, 1996.

BOBBIO, Norberto. **A Teoria das Formas de Governo.** Trad.: Sérgio Bath. 10ª ed. Brasília: UnB, 1998.

____. **O Positivismo Jurídico: aulas de Filosofia do Direito,** trad. Márcio Pugliesi, Carlos Eduardo Rodrigues e Edson Bini, São Paulo: Ícone, 1995.

____. **Direito e Estado no pensamento de Imanuel Kant,** trad. Alfredo Fait, Brasília: UnB, 1984.

CZEMPIEL, Ernest-Otto. **O teorema de Kant e a discussão atual sobre a relação entre democracia e paz.** in: Rohden, Valério. (ed.). **Kant e a instituição da paz.** Porto Alegre: UFRGS/ Goethe-Institut/ ICBA, 1997.

GOYARD-FABRE, Simone. **Os Princípios Filosóficos do Direito Político Moderno.** Trad. Irene A Paternost. São Paulo: Martins Fontes, 1999.

KANT, Immanuel. **Ideia de uma História Universal de um ponto de vista Cosmopolita.** Organização: Ricardo Terra. Trad. Rodrigo Naves e Ricardo Terra. São Paulo: Brasiliense, 1986.

____. **Fundamentação à Metafísica dos Costumes.** Trad. Heloisa Sarzana Pugliesi, São Paulo: Suprema Cultura, 2008.

____. **Opus Postumum,** textes choisis et traduits J. Gibelin, Paris, J. Vrin, 1950.

_____. *Filosofía de la História.* 2ª. ed., TRAD. EMÍLIO ESTÍU, Buenos Aires: Nova, 1964.

LACHIÉZE-REY, PIERRE. *L'Idéalisme kantien.* 3e. ed., Paros: J. Vrin, 1972.

NOUR, SORAYA. *À paz perpétua de Kant: filosofia do direito internacional e das relações internacionais.* São Paulo: Martins Fontes, 2004.

PUGLIESI, MÁRCIO. *Por uma Teoria do Direito: aspectos microssistêmicos,* São Paulo: RCS, 2005.

SAINT-PIERRE, ABBÉ DE. *Projeto para tornar perpétua a paz na Europa.* TRAD. SÉRGIO DUARTE. Brasília: UnB, 2003.

Zum ewigen Frieden

Rumo à Paz Perpétua

Zum Ewigen Frieden
Ein Philosophischer Entwurf

O b diese satirische Überschrift auf dem Schilde jenes holländischen Gastwirts, worauf ein Kirchhof gemalt war, die Menschen überhaupt, oder besonders die Staatsoberhäupter, die des Krieges nie satt werden können, oder wohl gar nur die Philosophen gelte, die jenen süßen Traum träumen, mag dahin gestellt sein. Das bedingt sich aber der Verfasser des Gegenwärtigen aus, daß, da der praktische Politiker mit dem theoretischen auf dem Fuß steht, mit großer Selbstgefälligkeit auf ihn als einen Schulweisen herabzusehen, der dem Staat, welcher von Erfahrungsgrundsätzen ausgehen müsse, mit seinen sachleeren Ideen keine Gefahr bringe, und den man immer seine eilf Kegel auf einmal werfen lassen kann, ohne, daß sich der weltkundige Staatsmann daran kehren darf, dieser auch, im Fall eines Streits mit jenem sofern konsequent verfahren müsse, hinter seinen auf gut Glück gewagten, und öffentlich geäußerten Meinungen nicht Gefahr für den Staat zu wittern; – durch welche clausula salvatoria der Verfasser dieses sich dann hiemit in der besten Form wider alle bösliche Auslegung ausdrücklich verwahrt wissen will.

Rumo à Paz Perpétua
Um projeto filosófico

A inscrição satírica, em uma pousada holandesa, debaixo de uma pintura que representava um cemitério: '*Pax Perpetua*', estaria dedicada aos "homens" em geral, ou especialmente aos governantes, nunca fartos de guerra, ou talvez somente aos filósofos, envoltos na fruição do doce sonho da paz? A pergunta fica sem resposta. Porém o autor deste ensaio ressalta, vez que o político prático, orgulhoso, costume desdenhar o teórico, considerando-o como um pedante inofensivo, cujas ideias, desprovidas de toda realidade, não podem ser perigosas para o Estado, que pode reger-se por princípios fundamentados na experiência; posto que o governante, "político mundano", deixa o teórico fazer o seu jogo, sem preocupar-se com ele, quando ocorra entre ambos uma desinteligência, deverá o governante ser consequente e não temer, como perigosas para o Estado, as opiniões que o teórico se atreveu a conceber, divulgando-as a esmo. Sirva, pois, esta "cláusula salvadora" de precaução ao autor destas linhas que as toma, expressamente, na melhor forma, contra toda interpretação maliciosa.

Erster Abschnitt,

Welcher die Präliminarartikel zum ewigen Frieden unter Staaten enthält.

I.
Es soll kein Friedensschluß für einen solchen gelten, der mit dem geheimen Vorbehalt des Stoffs zu einem künftigen Kriege gemacht worden.

Denn alsdenn wäre er ja ein bloßer Waffenstillstand, Aufschub der Feindseligkeiten, nicht Friede, der das Ende aller Hostilitäten bedeutet, und dem das Beiwort ewig anzuhängen ein schon verdächtiger Pleonasm ist. Die vorhandene, obgleich jetzt vielleicht den Pazisziierenden selbst noch nicht bekannte, Ursachen zum künftigen Kriege sind durch den Friedensschluß insgesamt vernichtet, sie mögen auch aus archivarischen Dokumenten mit noch so scharfsichtiger Ausspähungsgeschicklichkeit ausgeklaubt sein. – Der Vorbehalt (reservatio mentalis) alter allererst künftig auszudenkender Prätensionen, deren kein Teil für jetzt Erwähnung tun mag, weil beide zu sehr erschöpft sind, den Krieg fortzusetzen, bei dem bösen Willen, die erste günstige Gelegenheit zu diesem Zweck zu benutzen, gehört zur Jesuitenkasuistik, und ist unter der Würde der Regenten, so wie die Willfährigkeit zu dergleichen Deduktionen unter der Würde eines Ministers desselben, wenn man die Sache, wie sie an sich selbst ist, beurteilt. –

Wenn aber, nach aufgeklärten Begriffen der Staatsklugheit, in beständiger Vergrößerung der Macht, durch welche Mittel es auch sei, die wahre Ehre des Staats gesetzt wird, so fällt freilich jenes Urteil als schulmäßig und pedantisch in die Augen.

Seção Primeira

Artigos Preliminares para uma Paz Perpétua entre os Estados

I.
Não se deve considerar como válido um tratado de paz que se tenha ajustado com a reserva mental de certos motivos capazes de causar no futuro outra guerra.

Com efeito, semelhante tratado seria um simples armistício, uma interrupção de hostilidades, nunca uma verdadeira "paz", a qual significa o termo de toda hostilidade; acrescentar-lhe o epíteto de "perpétua" seria já um pleonasmo suspeito. O tratado de paz aniquila e apaga por completo as causas existentes da futura guerra possível, mesmo quando os negociadores da paz não as vislumbrem, nem suspeitem, no momento das negociações, aniquila também as que logo se possam descobrir por via de perquirições hábeis e penetrantes nos documentos de arquivo. A reserva mental (reservatio mentalis), que consiste em não falar no momento de certas pretensões, que ambos os países se abstêm de mencionar, porque estão esgotados em demasia para prosseguirem na guerra, mas albergando o desígnio malévolo de aproveitar mais tarde a primeira circunstância favorável para reproduzi-las é coisa que entra de cheio na causa jesuítica; tal processo, considerado em si mesmo, é indigno de um soberano; prestar-se a semelhantes deduções é, também, indigno de um ministro.

Tal juízo parecerá, sem dúvida, pedantismo escolástico aos que julgam que, segundo os princípios meridianos da prudência política, a verdadeira honra de um Estado consiste no acréscimo contínuo de força, seja por qualquer forma imaginável.

II.

Es soll kein für sich bestehender Staat (klein oder groß, das gilt hier gleichviel) von einem andern Staate durch Erbung, Tausch, Kauf oder Schenkung erworben werden können.

———————•◆•———————

Ein Staat ist nämlich nicht (wie etwa der Boden, auf dem er seinen Sitz hat) eine Habe (patrimonium). Er ist eine Gesellschaft von Menschen, über die niemand anders, als er selbst, zu gebieten und zu disponieren hat. Ihn aber, der selbst als Stamm seine eigene Wurzel hatte, als Pfropfreis einem andern Staate einzuverleiben, heißt seine Existenz, als einer moralischen Person, aufheben, und aus der letzteren eine Sache machen, und widerspricht also der Idee des ursprünglichen Vertrags, ohne die sich kein Recht über ein Volk denken läßt.* In welche Gefahr das Vorurteil dieser Erwerbungsart Europa, denn die andern Weltteile haben nie davon gewußt, in unsern bis auf die neuesten Zeiten gebracht habe, daß sich nämlich auch Staaten einander heuraten könnten, ist jedermann bekannt, teils als eine neue Art von Industrie, sich auch ohne Aufwand von Kräften durch Familienbündnisse übermächtig zu machen, teils auch auf solche Art den Länderbesitz zu erweitern. — Auch die Verdingung der Truppen eines Staats an einen andern, gegen einen nicht gemeinschaftlichen Feind, ist dahin zu zählen; denn die Untertanen werden dabei als nach Belieben zu handhabende Sachen gebraucht und verbraucht.

———

*. Ein Erbreich ist nicht ein Staat, der von einem andern Staate, sondern dessen Recht zu regieren an eine andere physische Person vererbt werden kann. Der Staat erwirbt alsdann einen Regenten, nicht dieser als ein solcher (d.i. der schon ein anderes Reich besitzt) den Staat.

II.
Nenhum Estado independente – pequeno ou grande, pouco importa – poderá ser adquirido por outro Estado, mediante herança, troca, compra ou doação.

Um Estado não é – como, por exemplo, o "solo" que ocupa – um haver, um patrimônio (*patrimonium*). É, sim, uma sociedade de homens sobre a qual ninguém, senão ela própria, pode mandar ou dispor. Como um tronco tem suas raízes próprias; portanto, incorporá-lo a outro Estado, enxertando-o, por assim dizer, nele, equivale a anular a sua existência como pessoa moral, fazendo desta pessoa coisa bem diversa, inexpressiva. Tal processo contradiz a ideia do contrato originário, sem a qual não se pode conceber direito algum sobre um povo.[1] É fato consabido a quantos perigos a Europa se expôs com esse preconceito acerca do modo de adquirir Estados, preconceito desconhecido nas demais partes do mundo. Em nossos tempos, e até em época recentíssima, contraíram-se matrimônios entre Estados; esse era um novo meio ou indústria, já para acrescer a própria potência mediante fatos familiares, sem dispêndio algum de forças, já também para ampliar possessões territoriais. A este conjunto de meios pertence o aluguel de tropas, que um Estado contrai com outro, para utilizá-las contra um terceiro que não inimigo comum, pois, em tal caso, usa-se e abusa-se caprichosamente dos súditos, como se fossem coisas inanimadas.

---

1. Um reino hereditário não é um Estado que possa ser herdado por outro Estado; o que a pessoa física herda é o direito de governá-lo. O Estado adquire, pois, um regente; não é o regente como tal – isto é, como o que já possui outro reino – quem adquire o Estado. (N.A.)

III.
Stehende Heere (miles perpetuus) sollen mit der Zeit ganz aufhören.

Denn sie bedrohen andere Staaten unaufhörlich mit Krieg, durch die Bereitschaft, immer dazu gerüstet zu erscheinen; reizen diese an, sich einander in Menge der Gerüsteten, die keine Grenzen kennt, zu übertreffen, und, indem durch die darauf verwandten Kosten der Friede endlich noch drückender wird als ein kurzer Krieg, so sind sie selbst Ursache von Angriffskriegen, um diese Last loszuwerden; wozu kommt, daß zum Töten, oder getötet zu werden in Sold genommen zu sein einen Gebrauch von Menschen als bloßen Maschinen und Werkzeugen in der Hand eines andern (des Staats) zu enthalten scheint, der sich nicht wohl mit dem Rechte der Menschheit in unserer eigenen Person vereinigen läßt. Ganz anders ist es mit der freiwilligen periodisch vorgenommenen Übung der Staatsbürger in Waffen bewandt, sich und ihr Vaterland dadurch gegen Angriffe von außen zu sichern. – Mit der Anhäufung eines Schatzes würde es eben so gehen, daß er, von andern Staaten als Bedrohung mit Krieg angesehen, zu zuvorkommenden Angriffen nötigte (weil unter den drei Mächten, der Heeresmacht, der Bundesmacht und der Geldmacht, die letztere wohl das zuverlässigste Kriegswerkzeug sein dürfte; wenn nicht die Schwierigkeit, die Größe desselben zu erforschen, dem entgegenstände).

III.
Os exércitos permanentes – *miles perpetuus* – devem, com o tempo, desaparecer completamente.

Os exércitos permanentes são uma incessante ameaça de guerra para os demais Estados, vez que estão sempre dispostos e preparados para combater. Os diferentes Estados se empenham em superarem-se uns aos outros em armamentos, que aumentam constantemente[2]. Como, finalmente, os gastos ocasionados pelo exército permanente, chegam a fazer a paz ainda mais intolerável do que uma guerra curta, acabam por ser, os próprios exércitos, a causa de agressões, cujo fim não é outro senão livrar o país do peso dos gastos militares excessivos. Acrescente-se a isto que ter indivíduos a soldo para que morram ou matem, parece implicar em uso do homem como mera máquina em mãos de outrem – o Estado – este não se compadece dos direitos da humanidade encarnados em nossa própria pessoa. Consideração bem diversa merecem, por outro lado, os exercícios militares que periodicamente realizam os cidadãos por sua própria vontade, a fim de preparar-se a defender a sua pátria contra os ataques do inimigo exterior. A mesma circunstância ocorreria em se tratando da formação de um tesouro ou reserva financeira; pois os demais Estados o considerariam como uma ameaça e se veriam obrigados a preveni-la, adiantando-se à agressão. Efetivamente, das três formas de Poder – **exército, alianças e dinheiro** –, seria indubitavelmente a última o mais seguro instrumento de guerra se não fosse a dificuldade de bem apreciar a sua grandeza.

---

2. Contemporaneamente os países líderes do 'progresso' investem significativa parte de seu orçamento em material bélico. De fato, as guerras são sucedâneos de gestão interna, assim, por exemplo, basta observar o balanço de recursos americanos antes e depois da Guerra do Iraque para se obter um claro indício de que, além de discussão de assuntos internacionais, as guerras sempre serão instrumentos de controle de crescimento populacional e de desequilíbrios de orçamentos nacionais.

IV.
Es sollen keine Staatsschulden in Beziehung auf äußere Staatshändel gemacht werden.

Zum Behuf der Landesökonomie (der Wegebesserung, neuer Ansiedelungen, Anschaffung der Magazine für besorgliche Mißwachsjahre u.s.w.) außerhalb oder innerhalb dem Staate Hülfe zu suchen, ist diese Hülfsquelle unverdächtig. Aber, als entgegenwirkende Maschine der Mächte gegen einander, ist ein Kreditsystem ins Unabsehliche anwachsender und doch immer für die gegenwärtige Forderung (weil sie doch nicht von allen Gläubigern auf einmal geschehen wird) gesicherter Schulden – die sinnreiche Erfindung eines handeltreibenden Volks in diesem Jahrhundert – eine gefährliche Geldmacht, nämlich ein Schatz zum Kriegführen, der die Schätze aller andern Staaten zusammengenommen übertrifft, und nur durch den einmal bevorstehenden Ausfall der Taxen (der doch auch durch die Belebung des Verkehrs, vermittelst der Rückwirkung auf Industrie und Erwerb, noch lange hingehalten wird) erschöpft werden kann. Diese Leichtigkeit Krieg zu führen, mit der Neigung der Machthabenden dazu, welche der menschlichen Natur eingeartet zu sein scheint, verbunden, ist also ein großes Hindernis des ewigen Friedens, welches zu verbieten um desto mehr ein Präliminarartikel desselben sein müßte, weil der endlich doch unvermeidliche Staatsbankerott manche andere Staaten unverschuldet in den Schaden mit verwickeln muß, welches eine öffentliche Läsion der letzteren sein würde. Mithin sind wenigstens andere Staaten berechtigt, sich gegen einen solchen und dessen Anmaßungen zu verbünden.

IV.
Não deve o Estado contrair dívidas nacionais que tenham por objetivo sustentar interesses políticos exteriores

A emissão de dívida, como ajuda que o Estado procura, dentro ou fora dos seus limites, para fomentar a economia do país – reparação de estradas, colonização, formação de fundos para anos de crise etc. – não encerra nada de duvidoso. Mas se o considerarmos como instrumento de ação e de reação entre as potências, converte-se então em um sistema de crédito composto de dívidas que vão aumentando sem cessar, se bem que sempre garantidas momentaneamente – dado que todos os credores reclamarão de uma só vez o pagamento de seus créditos –, invenção engenhosa de um povo comerciante em nosso século; destarte funda-se uma potência financeira bem perigosa, um tesouro de guerra que supera ao de todos os demais Estados juntos e que não pode esgotar-se nunca, a não ser por uma baixa rápida de valores – os quais podem manter-se em alta durante muito tempo por meio do fomento das trocas[3], que por sua vez repercute na indústria e na riqueza –. Esta facilidade em fazer a guerra, juntamente com a inclinação que parece ingênita à natureza humana, é, realmente, o mais poderoso obstáculo à paz perpétua. Posto isso, é tanto mais necessário um artigo preliminar que proíba a contração de empréstimos com tal fim, porque além de bancarrota nacional, que inevitavelmente se produziria, envolveria na catástrofe muitos outros Estados, sem culpa alguma por parte dos mesmos, o que seria uma grave lesão ao interesse público. Esses Estados, portanto, têm, pelo menos, o direito de aliar-se contra o Estado que proceda de tal forma e com semelhantes pretensões.

---

3. De fato, o mercado mundial tem uma válvula de segurança na indústria bélica: não é preciso encontrar-se em estado de litígio, basta armazenar aparatos militares e munição para conseguir respeitabilidade negocial. A Carta da ONU prevê o emprego de força, se necessário, a fim de preservar a paz. Outros instrumentos de convencimento são as restrições econômicas e de crédito. Isso serve para mostrar o descortino do filósofo de Könisberg.

V.
Kein Staat soll sich in die Verfassung und Regierung eines andern Staats gewalttätig einmischen.

*D*enn was kann ihn dazu berechtigen? Etwa das Skandal, was er den Untertanen eines andern Staats gibt? Es kann dieser vielmehr, durch das Beispiel der großen Übel, die sich ein Volk durch seine Gesetzlosigkeit zugezogen hat, zur Warnung dienen; und überhaupt ist das böse Beispiel, was eine freie Person der andern gibt, (als scandalum acceptum) keine Läsion derselben. – Dahin würde zwar nicht zu ziehen sein, wenn ein Staat sich durch innere Veruneinigung in zwei Teile spaltete, deren jeder für sich einen besondern Staat vorstellt, der auf das Ganze Anspruch macht; wo einem derselben Beistand zu leisten einem äußern Staat nicht für Einmischung in die Verfassung des andern (denn es ist alsdann Anarchie) angerechnet werden könnte. So lange aber dieser innere Streit noch nicht entschieden ist, würde diese Einmischung äußerer Mächte Verletzung der Rechte eines nur mit seiner innern Krankheit ringenden, von keinem andern abhängigen Volks, selbst also ein gegebenes Skandal sein, und die Autonomie aller Staaten unsicher machen.

V.
Nenhum Estado deve praticar ingerências pela força na constituição e no governo de outro Estado.

Com que direito interviria? Pelo fundamento do escândalo e mau exemplo que um Estado dá aos súditos de outro Estado? Mas, para estes, o espetáculo dos grandes males que um povo produz para si mesmo para viver no desprezo da lei, é bem mais útil como advertência preliminar; além disso, em geral, o mau exemplo que uma pessoa livre dá a outra – *scandalum acceptum* – não implica em lesão alguma desta última. Isto, entretanto, não é aplicável ao caso de que um Estado, em consequência de dissensões internas, venha a dividir-se em duas partes, cada uma das quais represente um Estado particular, com pretensão de ser o todo; porque então, se um Estado exterior presta o seu ajutório a uma das duas partes, isso não pode ser considerado como intromissão na constituição da outra: porque, nessa ocasião, esta é pura anarquia[4]. Entretanto, enquanto essa divisão interior não seja francamente manifesta, a intromissão das potências estrangeiras será sempre uma violação dos direitos de um povo livre, independente, que luta só contra seus males internos. Intrometer-se em seus pleitos domésticos seria um escândalo que poria em perigo a autonomia dos demais Estados.

---

[4]. Pense-se nas profundas questões suscitadas pela recente fragmentação de Estados outrora unos na região de influência da extinta União das Repúblicas Socialistas Soviéticas, v,g,, a Tchecoslováquia e Iugoslávia.

VI.

*Es soll sich kein Staat im Kriege mit einem andern solche Feindseligkeiten erlauben, welche das wechselseitige Zutrauen im künftigen Frieden unmöglich machen müssen: als da sind, Anstellung der **Meuchelmörder** (percussores), **Giftmischer** (venefici), **Brechung der Kapitulation**, **Anstiftung des Verrats** (perduellio) in dem bekriegten Staat etc.*

◆

Das sind ehrlose Stratagemen. Denn irgend ein Vertrauen auf die Denkungsart des Feindes muß mitten im Kriege noch übrig bleiben, weil sonst auch kein Friede abgeschlossen werden könnte, und die Feindseligkeit in einen Ausrottungskrieg (bellum internecinum) ausschlagen würde; da der Krieg doch nur das traurige Notmittel im Naturzustande ist (wo kein Gerichtshof vorhanden ist, der rechtskräftig urteilen könnte), durch Gewalt sein Recht zu behaupten; wo keiner von beiden Teilen für einen ungerechten Feind erklärt werden kann (weil das schon einen Richterausspruch voraussetzt), sondern der Ausschlag desselben (gleich als vor einem sogenannten Gottesgerichte) entscheidet, auf wessen Seite das Recht ist; zwischen Staaten aber sich kein Bestrafungskrieg (bellum punitiuum) denken läßt (weil zwischen ihnen kein Verhältniß eines Obern zu einem Untergebenen stattfindet). – Woraus denn folgt: daß ein Ausrottungskrieg, wo die Vertilgung beyde Teile zugleich, und mit dieser auch alles Rechts treffen kann, den ewigen Frieden nur auf dem großen Kirchhofe der Menschengattung statt finden lassen würde. Ein solcher Krieg also, mithin auch der Gebrauch der Mittel, die dahin führen, muß schlechterdings unerlaubt seyn. – Daß aber die genannte Mittel unvermeidlich dahin führen, erhellet daraus: daß jene höllische Künste, da sie an sich selbst nie-derträchtig sind, wenn sie in Gebrauch gekommen, sich nicht lange innerhalb der Grenze des Krieges halten, wie etwa der Gebrauch der Spione (vti exploratoribus), wo nur die Ehrlosigkeit Anderer (die nun einmal nicht ausgerottet werden kann) benutzt wird, sondern auch in den Friedenszustand übergehen, und so die Absicht desselben gänzlich vernichten würden.

VI.

Nenhum Estado em guerra com outros deve usar de
hostilidades que impossibilitem a confiança recíproca
na paz futura, como, por exemplo: o emprego,
no Estado inimigo, de assassinos ("percussores"),
de envenenadores ("venefici"), a violação de uma
capitulação, a excitação à traição ("perduellio"), etc.

Tais estratagemas desonram. Ainda que em plena guerra, deve haver certa confiança na consciência do inimigo. Por outra forma, nunca se poderia ajustar a paz e as hostilidades degenerariam em guerra de extermínio: *bellum internecinum.* É a guerra, desgraçadamente, um meio necessário ao estado de natureza – no qual não há tribunal que possa pronunciar uma decisão com força de direito, para que cada um possa afirmar o seu direito pela força; nenhuma das duas partes pode ser declarada inimigo ilegítimo: que suporia uma sentença judicial, e o que decide de que lado está o direito é o êxito da luta: como nos chamados juízos de Deus[5]. Mas entre os Estados não se concebe uma guerra penal – *bellum punitivum* –, porque não existe entre os mesmo uma relação de superior a inferior. Daí se conclui que uma guerra de extermínio, que traria consigo o aniquilamento das duas partes e a anulação de todo direito, tornaria impossível uma paz perpétua, a não ser em um vasto cemitério do gênero humano[6]. É portanto necessário torná-la irrealizável a todo transe, proibindo-se também o uso dos meios que conduzem a ela. Fora de qualquer dúvida é que os estratagemas citados conduzem inevitavelmente àqueles resultados; porque o emprego destas artes infernais, vis por si mesmas, não se contém dentro dos limites da guerra, como acontece com o uso de espiões – *uti exploratoribus* –, que consiste em aproveitar a infâmia, a indignidade de "outros", vez que é impossível extirpar esse vício, mantendo-se tal prática, todavia, depois de terminada a guerra, ficando destruídos assim os próprios fins da paz.

---

5. Alusão à prática medieval de escolher campeões (representantes de facções em disputa) para reduzir os efeitos nocivos de combates e que se supunham ter a vitória dependente da vontade divina de considerar justos os anseios de um dos partidos.

6. Argumento que serve de base aos protestos contra as armas nucleares e, especiosamente, para impedir que novos países as produzam ou estoquem.

Obgleich die angeführte Gesetze objectiv, d. i. in der Intention der Machthabenden, lauter Verbotgesetze (leges prohibitiuae) sind, so sind doch einige derselben von derstrengen, ohne Unterschied der Umstände geltenden Art (leges strictae), die sofort auf Abschaffung dringen (wie Nr. 1, 5, 6), andere aber (wie Nr. 2, 3, 4), die zwar nicht als Ausnahmen von der Rechtsregel, aber doch in Rücksicht auf die Ausübung derselben, durch die Umstände, subjektiv für die Befugniß erweiternd (leges latae), und Erlaubnisse enthalten, die Vollführung aufzuschieben, ohne doch den Zweck aus den Augen zu verlieren, der diesen Aufschub, z. B. der Wiedererstattung der gewissen Staaten, nach Nr. 2, entzogenen Freyheit, nicht auf den Nimmertag (wie August zu versprechen pflegte, ad calendas graecas) auszusetzen, mithin die Nichterstattung, sondern nur, damit sie nicht übereilt und so der Absicht selbst zuwider geschehe, die Verzögerung erlaubt. Denn das Verbot betrifft hier nur die Erwerbungsart, die fernerhin nicht gelten soll, aber nicht den Besitzstand, der, ob er zwar nicht den erforderlichen Rechtstitel hat, doch zu seiner Zeit (der putativen Erwerbung), nach der damaligen öffentlichen Meynung, von allen Staaten für rechtmäßig gehalten wurde*).

---

*. Ob es außer dem Gebot (leges praeceptiuae), und Verbot (leges prohibitiuae), noch Erlaubnisgesetze (leges permissiuae) der reinen Vernunft geben könne, ist bisher nicht ohne Grund bezweifelt worden. Denn Gesetze überhaupt enthalten einen Grund objektiver praktischer Nothwendigkeit, Erlaubnis aber einen der praktischen Zufälligkeit gewisser Handlungen; mithin würde ein Erlaubnisgesetz Nöthigung zu einer Handlung, zu dem, wozu jemand nicht genöthiget werden kann, enthalten, welches, wenn das Objekt des Gesetzes in beyderley Beziehung einerley Bedeutung hätte, ein Widerspruch seyn würde. – Nun geht aber hier im Erlaubnisgesetze das vorausgesetzte Verbot nur auf die künftige Erwerbungsart eines Rechts (z. B. durch Erbschaft), die Befreyung aber von diesem Verbot, d. i. die Erlaubnis, auf den gegenwärtigen Besitzstand, welcher letztere, im Ueberschritt aus dem Naturzustande in den bürgerlichen, als ein, obwohl unrechtmäßiger, dennoch ehrlicher, Besitz (possessio putatiua) nach einem Erlaubnisgesetze des Naturrechts noch fernerhin fortdauern kann, obgleich ein putativer Besitz, so bald er als ein solcher erkannt wird, im Naturzustande, imgleichen eine ähnliche Erwerbungsart im nachmaligen bürgerlichen (nach geschehenem Ueberschritt) verboten ist, welche Befugnis des fortdauernden Besitzes nicht statt finden würde, wenn eine solche vermeintliche Erwerbung im bürgerlichen Zustande geschehen wäre; denn da würde er, als Läsion, sofort nach Entdeckung seiner Unrechtmäßigkeit aufhören müssen.

Todas as leis que citamos são objetivas, isto é: na intenção dos que possuem a força devem ser consideradas como "leis proibitivas" (*leges prohibitivæ*). Contudo, algumas delas são "estritas" (*leges strictæ*) e válidas em toda circunstância, exigindo uma execução "imediata: as número I,V e VI; outras, por outro lado: número II,III, IV, são mais amplas e admitem certa demora na sua aplicação, não porque existam exceções à regra jurídica, mas porque tendo em conta o exercício dessa regra e suas circunstâncias, admitem que se amplie subjetivamente a faculdade executiva, permitindo a demora de sua aplicação, ainda que sem nunca perder de vista o fim proposto[7]. Se, por exemplo, tratar-se de restituir, segundo o número II, a liberdade perdida a certos Estados, de nada valerá protelar a execução da lei *ad calendas graecas*, como fazia Augusto; não seria lícito, digamos, deixar a lei por cumprir; mas se poderá retardá-la, se houver temos de que uma restituição precipitada resulte em detrimento do propósito fundamental. Com efeito, a proibição aqui se refere somente ao "modo de adquirir", que mais adiante não será válido; não, todavia, ao "estado possessório" que, se bem careça necessário título jurídico, foi ao seu tempo – no período de aquisição putativa – considerado como legítimo pela opinião pública então vigente em todos os Estados.[8]

---

7. De fato, permitir não é obrigar. A escolha permanece na esfera da autonomia do súdito, embora o casuísmo das percepções.

8. Existem porventura "leis permissivas" (*leges permissivæ*) da razão pura, junto às leis preceptivas (*leges preceptivæ*) da razão pura além dos mandatos (*leges prohibitivæ*)? Muitos, até agora, puseram isto em dúvida e, convenhamos, com algum motivo. Com efeito, as leis geralmente contêm o fundamento da necessidade prática objetiva de determinadas ações; por outro lado, a permissão fundamenta a contingência ou o acidentalismo prático de certas ações. Uma "lei permissiva", portanto, conteria a obrigação de realizar um ato ao qual ninguém estivesse obrigado: isso seria, desde que a lei tenha em ambas as relações idêntica significação: uma contradição patente. Pois bem; na lei permissiva de que nos ocupamos, a proibição prévia apenas se refere ao modo de adquirir um direito – por exemplo: a herança, e, de modo inverso, o levantamento da proibição, ou seja a permissão, refere-se à atual posse. Esta última, passando de estado de natureza a estado civil. Pode continuar mantendo-se, por lei permissiva do direito natural, como "posse putativa" (*possessio putativa*) que, se bem não conforme ao Direito, é, todavia honesta; prossegue, ainda quando uma posse putativa, desde o momento em que é reconhecida como tal, no estado de natureza, fica proibida, como também proibida qualquer maneira semelhante de adquirir o estado civil posterior, após efetuada a transição de um para o outro. A permissão de continuar possuindo não poderia, pois, existir no caso de a aquisição putativa se realizar no estado civil; tal permissão implicaria lesão, devendo portanto desaparecer desde o momento que se descobrisse a sua ilegitimidade. (N.A.)

Ich habe hiemit nur beyläufig die Lehrer des Naturrechts auf den Begriff einer lex permissiua, welcher sich einer systematisch-eintheilenden Vernunft von selbst darbietet, aufmerksam machen wollen; vornehmlich, da im Civilgesetze (statutarischen) öfters davon Gebrauch gemacht wird, nur mit dem Unterschiede, daß das Verbotgesetz für sich allein dasteht, die Erlaubnis aber nicht als einschränkende Bedingung (wie es sollte) in jenes Gesetz mit hinein gebracht, sondern unter die Ausnahmen geworfen wird. – Da heißt es dann: dies oder jenes wird verboten: es sey denn Nr. 1, Nr. 2, Nr. 3, und so weiter ins Unabsehliche, die Erlaubnisse nur zufälliger Weise, nicht nach einem Princip, sondern durch Herumtappen unter vorkommenden Fällen, zum Gesetz hinzukommen; denn sonst hätten die Bedingungen in die Formel des Verbotsgesetzes mit hineingebracht werden müssen, wodurch es dann zugleich ein Erlaubnisgesetz geworden wäre. – Es ist daher zu bedauern, daß die sinnreiche, aber unaufgelöst gebliebene, Preisaufgabe des eben so weisen als scharfsinnigen Herrn Grafen von Windischgrätz, welche gerade auf das letztere drang, sobald verlassen worden. Denn die Möglichkeit einer solchen (der mathematischen ähnlichen) Formel ist der einzige ächte Probierstein einer consequent bleibenden Gesetzgebung, ohne welche das so genannte ius certum immer ein frommer Wunsch bleiben wird. – Sonst wird man bloß generale Gesetze (die im Allgemeinen gelten), aber keine universale (die allgemein gelten) haben, wie es doch der Begriff eines Gesetzes zu erfordern scheint.

Aqui, não propusemos outra coisa senão fixar, de relance, a atenção dos mestres do direito natural acerca do conceito da "lei permissiva", que se apresenta espontaneamente quando a razão se propõe a fazer uma divisão sistemática da lei. Emprega-se, frequentemente, esse termo na legislação civil – estatutária –, com a diferença de que a lei proibitiva se apresenta só, bastando-se a si mesma; e, por outra forma, a permissão, em lugar de ser incluída na lei, como se fora condição limitativa – o que deveria ser – colocada entre as exceções. Estabelece-se: fica proibido isto ou aquilo. E acrescenta-se logo: exceto no caso I,II,III e assim indefinidamente. As permissões se acrescentam pois à lei, mas a esmo, sem princípio fixo, na medida dos casos que vão ocorrendo. De modo diverso, as condições dever-se-iam incluir "na fórmula da lei proibitiva", que seria, então e ao mesmo tempo, lei permissiva. É de lamentar-se que o problema proposto para o prêmio pelo sábio e penetrante conde de Windischgräestz não tenha sido resolvido por ninguém e fosse rapidamente abandonado. Referia-se a esta questão, que é de suma importância, porque a possibilidade de semelhantes fórmulas – parecidas com as matemáticas – é a única verdadeira pedra de toque de uma legislação consequente. Sem ela o *jus certum* será sempre um desejo piedoso. Sem ela, poderá haver, sim, leis ferais, que valham em geral; mas não leis universais, de valor universal, que é o valor que parece exigir precisamente o conceito de lei.[9]

---

9. A doutrina do Estado e do Direito de Kant pressupõe sua teoria geral e, assim, deve-se lembrar que todo conhecimento começa pela experiência, mas não advém da experiência. Se o espírito não albergasse certas noções primitivas e certas formas, como a noção de causalidade – não poderia adquirir qualquer conhecimento dos fatos empíricos, nem de sua ordem ou interrelação. É preciso distinguir a matéria fornecida pela experiência das formas inerentes ao sujeito. Esse conceito de fato é um dos grandes contributos de Kant para a instauração do direito burguês. Temos três fontes de conhecimento: a sensibilidade (receptiva) e suas duas faculdades ativas, a reflexão (*Verstand*) e a razão (*Vernunft*). Para cada um desses domínios de conhecimentos, o sujeito possui primitivamente formas especiais, subjetivas, segundo as quais todo objeto é captado e subjetivamente modificado de tal modo que se pode admitir a existência real objetiva, porém, apreendida pelas formas originárias de conhecimento de cada sujeito. O espírito possui um sentido interno que tem por forma o tempo e sentidos externos, cuja forma é o espaço. Kant hipostasiou como tempo aquele newtoniano, e como espaço o da geometria euclidiana. O sujeito possui como formas *a priori* as categorias, aplicáveis ainda à ordem finita e experimental das coisas. E para o domínio não sensível, formas racionais que são as ideias. A faculdade que concebe tais ideias (infinito, absoluto, verdadeiro, bem, justo) é a razão. Na ordem sensível e experimental, o sujeito só tem acesso ao aspecto fenomenal das coisas: a coisa em si permanece inatingível. No parágrafo 32 dos Prolegomena afirma: "De fato, se enxergamos, com tanto mais razão os objetos dos sentidos como meros fenômenos, admitidos porém ao mesmo tempo em que eles repousam sobre uma coisa em si mesma como seu fundamento, ainda que não saibamos como ela é constituída, e só tomemos conhecimento de seu fenômeno, isto é, do modo pelo qual nossos sentidos são afetados por esse algo desconhecido. O entendimento, portanto, ao mesmo tempo em que admite fenômenos, aceita também a existência de coisas em si mesmas, e podemos então dizer que a representação desses seres que subjazem aos fenômenos (portanto meros seres inteligíveis) é não apenas permitida, como ainda inevitável". O espírito tem ideias de Deus, de mortalidade, liberdade, sem lograr contudo demonstrar sua resistência real, visto não possuir certeza

científica ou teórica a este respeito, mas a razão não é apenas uma faculdade de conhecimento sendo também prática e de ação. Como razão prática pode chegar a uma certeza que não obtém enquanto razão pura. Pois o espírito tem, além das ideias, ordens, imperativos, que se dirigem à vontade. A liberdade é um fato dado pela experiência interior e distingue de todas as demais ideias ao ser apreendida como ideia racional e realidade: realiza ideias do mundo sensível e se manifesta sobre os instintos e as paixões sensíveis. Procura estabelecer o bem pelo bem, sem esperar nenhum prazer ou qualquer vantagem pessoal ao realizar o que deve: é um imperativo categórico que se manifesta claramente à consciência e que nos garante a existência da liberdade e da imortalidade de Deus. Assegura liberdade, porque o comando anuncia um dever e este só pode ser concebido se houver liberdade; garante a imortalidade da alma, porque a razão ao ordenar a prática do bem pelo bem exige também a harmonia entre a virtude e a felicidade, entre o bem-estar e o bem-agir – inexistentes nessa vida e portanto pressupondo a futura. Assegura, finalmente, a existência de Deus, porque a concordância entre o bem e a felicidade só pode ser realizada pelo Ser Infinito cuja unidade exclui a oposição da moralidade e da felicidade. Mas em que consiste o bem que o Homem deve realizar de modo absoluto? O imperativo: "age de modo que a máxima de tua vontade possa tornar-se o princípio de uma legislação universal" resume o fim de todas as ações. Essa máxima, na verdade, pode ser assim reescrita: "não empregue jamais a humanidade seja em tua própria pessoa, seja naquela dos outros, como um simples meio, mas respeita-a sempre como o fim ou como um fim em si". Assim estabelece Kant a dignidade moral do Homem ao impedir a reificação do Homem no espaço da moral. A passagem dessa doutrina moral para aquela do Direito se dá pela seguinte argumentação: a razão exige em geral que sua lei impere, que o Homem se determine por suas ações (autonomia), por efeito o caráter racional e o moral do Homem. Nisso consiste a liberdade. Tantos impulsos ou paixões internas quantas forças coativas externas contradizem o princípio da lei racional. É necessária a liberdade em suas duas espécies, interna e externa. Esta última exige que as forças provenientes dos homens sejam dominadas por uma legislação externa que assegure a liberdade: tal é o domínio do Direito. O objeto e a finalidade da moral e do direito são, em Kant, os mesmos. A moral exige que cada um controle suas inclinações pela força interna da subjetividade e, juridicamente, por um poder externo que reprima os atentados à liberdade por ações externas. Para tanto, é preciso que a norma jurídica externa tenha um poder coercitivo afim de dominar e conter as forças individuais. Tem assim o Direito um caráter coercitivo.

Zweyter Abschnitt

welcher die Definitivartikel zum ewigen Frieden unter Staaten enthält.

Der Friedenszustand unter Menschen, die nebeneinander leben, ist kein Naturstand (status naturalis), der vielmehr ein Zustand des Krieges ist, d. i. wenngleich nicht immer ein Ausbruch der Feindseligkeiten, doch immerwährende Bedrohung mit denselben. Er muß also gestiftet werden; denn die Unterlassung der letzteren ist noch nicht Sicherheit dafür, und, ohne daß sie einem Nachbar von dem andern geleistet wird (welches aber nur in einem gesetzlichen Zustande geschehen kann), kann jener diesen, welchen er dazu aufgefordert hat, als einen Feind behandeln *).

---

*). Gemeiniglich nimmt man an, daß man gegen Niemand feindlich verfahren dürfe, als nur, wenn er mich schon thätig lädierthat, und das ist auch ganz richtig, wenn beyde im bürgerlich – gesetzlichen Zustande sind. Denn dadurch, daß dieser in denselben getreten ist, leistet er jenem (vermittelst der Obrigkeit, welche über Beyde Gewalt hat) die er forderliche Sicherheit. – Der Mensch aber (oder das Volk) im bloßen Naturstande benimmt mir diese Sicherheit, und lädiert mich schon durch eben diesen Zustand, indem er neben mir ist, obgleich nicht thätig (facto), doch durch die Gesetzlosigkeit seines Zustandes (statu iniusto), wodurch ich beständig von ihm bedroht werde, und ich kann ihn nöthigen, entweder mit mir in einen gemeinschaftlich-gesetzlichen Zustand zu treten, oder aus meiner Nachbarschaft zu weichen. – Das Postulat also, was allen folgenden Artikeln zum Grunde liegt, ist: Alle Menschen, die auf einander wechselseitig einfließen können, müssen zu irgend einer bürgerlichen Verfassung gehören.
Alle rechtliche Verfassung aber ist, was die Personen betrifft, die darin stehen,
1) die nach dem Staatsbürgerrecht der Menschen in einem Volke (ius ciuitatis),
2) nach dem Völkerrecht der Staaten in Verhältnis gegen einander (ius gentium),
3) die nach dem Weltbürgerrecht, so fern Menschen und Staaten, in äußerem auf einander einfließendem Verhältnis stehend, als Bürger eines allgemeinen Menschenstaats anzusehen sind (ius cosmopoliticum). Diese Eintheilung ist nicht willkührlich, sondern nothwendig in Beziehung auf die Idee vom ewigen Frieden. Denn wenn nur einer von diesen im Verhältnisse des physischen Einflusses auf den andern, und doch im Naturstande wäre, so würde damit der Zustand des Krieges verbunden seyn, von dem befreyet zu werden hier eben die Absicht ist.

Seção Segunda

Artigos definitivos da paz perpétua entre os Estados

A paz entre homens que convivem, não é um estado de natureza (*status naturalis*); o estado de natureza é, de fato, a guerra; é um estado em que, mesmo as hostilidades não iniciadas, há a constante ameaça de iniciá-las. Logo, a paz é algo que deve ser "instaurado'; abster-se de iniciar as hostilidades não é suficiente para assegurar a paz, e se os que convivem não lhe facultaram muita segurança: coisa que só no "estado" civil pode acontecer, caberá a cada um deles, havendo requerido previamente ao outro, considerá-lo e tratá-lo, em caso de negativa, como um inimigo.[10]

---

10. Admite-se comumente que ninguém possa hostilizar a outro, a não ser que este seja o primeiro a agredir. É exato quando ambos vivem no *estado civil e legal*. Só pelo fato de ter ingressado no estado civil, cada um dá aos demais as necessárias garantias; e é a autoridade soberana a que, tendo poder sobre todos, serve de instrumento eficaz àquelas garantias. Mas o homem – ou o povo – que se acha em estado de natureza, não me dá essas garantias e até lesiona pelo mero fato de achar-se nesse estado natural, com efeito, encontra-se junto de mim e apesar de não me hostilizar ativamente, é para mim a anarquia de seu estado – *statuto injusto* – uma perpétua ameaça. Posso obrigá-lo, ou a entrar comigo num estado legal comum, ou mesmo a afastar-se de meu lado. Assim, pois, os postulado que serve de fundamento a todos os artigos seguintes, é este: todos os homens que podem exercer influxos uns sobre os outros, devem pertencer a alguma constituição civil. Pois bem, as constituições jurídicas, no que se refere às pessoas, são três:
1º- A do *direito político dos homens* reunidos em povoação (*jus civitatis*).
2º- A do *direito das gentes ou dos Estados* em suas relações mútuas (*jus gentium*)
3º- A dos *direitos da humanidade* nos quais se deve considerar os homens e os Estados, em mútua relação de influência externa, como cidadãos de um Estado universal de todos os homens (*jus cosmopoliticum*).
Esta divisão não é arbitrária, mas sim necessária em relação à ideia de paz perpétua. Se, por acaso, só um dos membros dessa comunhão se achasse no estado de natureza e pudesse exercer influência física sobre os demais, isto bastaria para provocar a guerra, cuja supressão aqui se pretende conseguir. (N.A.)

Erster Definitivartikel zum ewigen Frieden.

*Die bürgerliche Verfassung in jedem
Staate soll republikanisch seyn.*

*D*ie erstlich nach Principien der Freyheit der Glieder einer Gesellschaft (als Menschen); zweitens nach Grundsätzen der Abhängigkeit aller von einer einzigen gemeinsamen Gesetzgebung (als Unterthanen); und drittens, die nach dem Gesetz der Gleichheit derselben (als Staatsbürger) gestiftete Verfassung – die einzige, welche aus der Idee des ursprünglichen Vertrags hervorgeht, auf der alle rechtliche Gesetzgebung eines Volks gegründet seyn muß – ist die republikanische *).

---

*. Rechtliche (mithin äußere) Freyheit kann nicht, wie man wohl zu thun pflegt, durch die Befugnis definirt werden: „alles zu thun, was man will, wenn man nur Keinem Unrecht thut." Denn was heißt Befugnis? Die Möglichkeit einer Handlung, so fern man dadurch Keinem Unrecht thut. Also würde die Erklärung einer Befugnis so lauten: „Man thut Keinem Unrecht (man mag auch thun, was man will), wenn man nur Keinem Unrecht thut:" folglich ist es leere Tautologie. – Vielmehr ist meine äußere (rechtliche) Freyheit so zu erklären: sie ist die Befugnis, keinen äußeren Gesetzen zu gehorchen, als zu denen ich meine Beystimmung habe geben können. – Eben so ist äußere (rechtliche) Gleichheit in einem Staate dasjenige Verhältnis der Staatsbürger, nach welchem Keiner den andern wozu rechtlich verbinden kann, ohne daß er sich zugleich dem Gesetz unterwirft, von diesem wechselseitig auf dieselbe Art auch verbunden werden zu können. (Vom Princip der rechtlichen Abhängigkeit, da dieses schon in dem Begriffe einer Staatsverfassung überhaupt liegt, bedarf es keiner Erklärung). – Die Gültigkeit dieser angebohrnen, zur Menschheit nothwendig gehörenden und unveräußerlichen Rechte wird durch das Princip der rechtlichen Verhältnisse des Menschen selbst zu höheren Wesen (wenn er sich solche denkt) bestätigt und erhoben, indem er sich nach eben denselben Grundsätzen auch als Staatsbürger einer übersinnlichen Welt vorstellt. – Denn, was meine Freyheit betrifft, so habe ich, selbst in Ansehung der göttlichen, von mir durch bloße Vernunft erkennbaren Gesetze, keine Verbindlichkeit, als nur so fern ich dazu selber habe meine Beystimmung geben können (denn durchs Freyheitsgesetz meiner eigenen Vernunft mache ich mir allererst einen Begriff vom göttlichen Willen). Was in Ansehung des erhabensten Weltwesens außer Gott, welches ich mir etwa denken möchte (einen großen Aeon), das Princip der Gleichheit betrifft, so ist kein Grund da, warum ich, wenn ich in meinem Posten meine Pflicht thue, wie jener Aeon es in dem seinigen, mir bloß die Pflicht zu gehorchen, jenem aber das Recht zu befehlen zukommen solle. – Daß dieses Princip der Gleichheit nicht (so wie das der Freyheit) auch auf das Verhältnis zu Gott paßt, davon ist der Grund dieser, weil dieses Wesen das einzige ist, bey dem der Pflichtbegriff aufhört.

Primeiro Artigo Definitivo de um Tratado de Paz Perpétua

A constituição política deve ser, em todo Estado, republicana

A constituição tem três fundamentos: 1º. princípio da "liberdade" dos membros de uma sociedade enquanto homens –; 2º. princípio da "dependência" em legislação comum enquanto súditos –; 3º. princípio da "igualdade" de todos enquanto cidadãos, é a única constituição que emana da ideia do contrato original, sobre o qual se deve fundar toda a legislação de um povo. Tal constituição é "republicana."[11]

---

11. A liberdade jurídica – portanto externa – não se pode definir como é usual, dizendo: é "a faculdade de fazer tudo o que se queira, contanto que se não prejudique ninguém". Com efeito, que é a faculdade? É a possibilidade de uma ação que não prejudique a ninguém. Portanto, seria a seguinte a definição de liberdade: "Liberdade é a possibilidade das ações que não prejudicam a ninguém". Não se prejudica a ninguém – faça-se o que bem se queira – quando a ninguém se prejudica. Tudo isto, como se vê, é mera tautologia e jogo de palavras. Deve-se definir a minha liberdade exterior (jurídica) como a faculdade de não obedecer às leis exteriores, a não ser enquanto me for possível dar-lhes consentimento. Ainda assim a igualdade exterior (jurídica) em um Estado, consiste numa relação entre os cidadãos, segundo a qual ninguém pode impor a outro uma obrigação jurídica, sem se submeter, também, à lei e poder ser, do mesmo modo, obrigado por sua vez. O princípio da dependência jurídica está implícito no conceito de constituição política, não havendo necessidade de defini-la. O valor deste direito inato, necessariamente humanos e imprescritíveis, resulta confirmado e sublimado pelo princípio das relações jurídicas dos homens, ainda mesmo com seres superiores – quando pensa neles –; o homem, efetivamente, representa-se a si mesmo como cidadão de um mundo suprassensível, fundado nesses mesmo princípios. No que se refere à minha liberdade, não tenho nenhuma obrigação acerca das leis divinas, cognoscíveis pela minha razão pura, a não ser enquanto eu tenha podido dar-lhes o meu consentimento; pois se concebo a vontade divina, é só por meio da lei de liberdade na minha própria razão. No que concerne ao princípio da igualdade, em relação aos mais altos seres do universo que se possam conceber, fora Deus – por exemplo, esse Eon concebido pelo herege Valentin como personificação das essências do mundo –, não existe fundamento algum para que, cumprindo o meu dever no posto que me foi designado, como os eons cumprem o seu, tenha eu a obrigação de obedecer e eles o direito de mandar. O princípio da igualdade não tem aplicação, como o da liberdade, no meu comércio com Deus, porque Deus é único para quem nada vale o conceito do dever. (N.A.)

Diese ist also, was das Recht betrifft, an sich selbst diejenige, welche allen Arten der bürgerlichen Constitution ursprünglich zum Grunde liegt; und nun ist nur die Frage: ob sie auch die einzige ist, die zum ewigen Frieden hinführen kann?

Nun hat aber die republikanische Verfassung, außer der Lauterkeit ihres Ursprungs, aus dem reinen Quell des Rechtsbegriffs entsprungen zu seyn, noch die Aussicht in die gewünschte Folge, nämlich den ewigen Frieden; wovon der Grund dieser ist. – Wenn (wie es in dieser Verfassung nicht anders seyn kann) die Beystimmung der Staatsbürger dazu erfordert wird, um zu beschließen, „ob Krieg seyn solle, oder nicht,“ so ist nichts natürlicher, als daß, da sie alle Drangsale des Krieges über sich selbst beschließen müßten (als da sind: selbst zu fechten; die Kosten des Krieges aus ihrer eigenen Haabe herzugeben; die Verwüstung, die er hinter sich läßt, kümmerlich zu verbessern; zum Uebermaße des Uebels endlich noch eine, den Frieden selbst verbitternde, nie (wegen naher immer neuer Kriege) zu tilgende Schuldenlast selbst zu übernehmen), sie sich sehr bedenken werden, ein so schlimmes Spiel anzufangen: Da hingegen in einer Verfassung, wo der Unterthan nicht Staatsbürger, diese also nicht republikanisch ist, es die unbedenklichste Sache von der Welt ist, weil das Oberhaupt nicht Staatsgenosse, sondern Staatseigenthümer ist, an seinen Tafeln, Jagden, Lustschlössern, Hoffesten u. d. gl. durch den Krieg nicht das mindeste einbüßt, diesen also wie eine Art von Lustparthie aus unbedeutenden Ursachen beschließen, und der Anständigkeit wegen dem dazu allezeit fertigen diplomatischen Corps die Rechtfertigung desselben gleichgültig überlassen kann.

Was aber das Recht der Gleichheit aller Staatsbürger, als Unterthanen, betrifft, so kommt es in Beantwortung der Frage von der Zuläßigkeit des E r b a d e l s allein darauf an: „ob der vom Staat zugestandene Rang (eines Unterthans vor dem andern) vor dem Verdienst, oder dieses vor jenem vorhergehen müsse.“ – Nun ist offenbar: daß, wenn der Rang mit der Geburt verbunden wird, es ganz ungewiß ist, ob das Verdienst (Amtsgeschicklichkeit und Amtstreue) auch folgen werde; mithin ist es eben so viel, als ob er ohne alles Verdienst dem Begünstigten zugestanden würde (Befehlshaber zu seyn); welches der allgemeine Volkswille in einem ursprünglichen Vertrage (der doch das Prinzip aller Rechte ist) nie beschließen wird. Denn ein Edelmann ist darum nicht so fort ein edler Mann. – Was den Amtsadel (wie man den Rang einer höheren Magistratur nennen könnte, und den man sich durch Verdienste erwerben muß) betrifft, so klebt der Rang da nicht, als Eigentum, an der Person, sondern am Posten, und die Gleichheit wird dadurch nicht verletzt; weil, wenn jene ihr Amt niederlegt, sie zugleich den Rang ablegt, und unter das Volk zurücktritt.

Esta é, pois, no que se refere ao direito, a que serve de base primitiva a todas as espécies de constituições políticas. Pode-se perguntar: é por acaso também a única que conduz à paz perpétua?

Eis o motivo. Na constituição republicana, deve haver necessariamente o consentimento dos cidadãos para declarar a guerra. Nada mais natural, portanto, do que, já que eles devem sofrer as consequências da guerra: os combates, as despesas, a devastação, o peso desolador da dívida pública, que passa para os tempos de paz; que pensem muito e vacilem antes de se lançarem a um jogo tão arriscado. Por outro lado, numa constituição em que o súdito não é cidadão, numa constituição não republicana, a guerra é a coisa mais simples do mundo. O chefe do Estado não é um concidadão, mas um senhor; a guerra não perturba nada no seu sistema de vida faustosa, que passa em banquetes, caçadas e nas estadias em castelos acolhedores. A guerra, para ele, é uma espécie de diversão; pode declará-la pelos mais leves motivos, ordenando imediatamente que o corpo diplomático – sempre tão bem disposto – cubra as aparências e encontre uma justificação plausível.

No que concerne ao direito de igualdade dos cidadãos, considerados como súditos, interessa, sobretudo, a questão da nobreza hereditária; ao propô-la, cabe perguntar se a posição que o Estado concede a uns sobre os outros deve fundar-se ou não no mérito. É claro que se a posição e preeminência se unem ao nascimento, resultam bem problemáticos o mérito, a capacidade para o desempenho de um cargo e a fidelidade nas comissões; portanto, é como se dessem os cargos e mandatos sem atender ao mérito pessoal dos agraciados, coisa que nunca será sancionada pela vontade popular no contrato primitivo, que é o princípio de todo o direito. Só pelo fato de ser nobre, não implica a afirmativa de que um homem possua nobreza de caráter. Se denominarmos nobreza civil a uma alta magistratura, a qual se possa chegar exclusivamente pelo mérito próprio, então essa posição não será propriedade da pessoa, mas sim imanente ao cargo. Esta nobreza civil não será contraria à igualdade, porque a pessoa, ao abandonar o cargo, perderá a posição e retornará às camadas populares. (N.A.)

Damit man die republikanische Verfassung nicht (wie gemeiniglich geschieht) mit der demokratischen verwechsele, muß Folgendes bemerkt werden. Die Formen eines Staats (ciuitas) können entweder nach dem Unterschiede der Personen, welche die oberste Staatsgewalt inne haben, oder nach der Regierungsart des Volks durch sein Oberhaupt, er mag seyn welcher er wolle, eingetheilt werden; die erste heißt eigentlich die Form der Beherrschung (forma imperii), und es sind nur drey derselben möglich, wo nämlich entweder nur Einer, oder Einige unter sich verbunden, oder Alle zusammen, welche die bürgerliche Gesellschaft ausmachen, die Herrschergewalt besitzen (Autokratie, Aristokratie und Demokratie, Fürstengewalt, Adelsgewalt und Volksgewalt). Die zweyte ist die Form der Regierung (forma regiminis) und betrifft die auf die Constitution (den Akt des allgemeinen Willens, wodurch die Menge ein Volk wird) gegründete Art, wie der Staat von seiner Machtvollkommenheit Gebrauch macht: und ist in dieser Beziehung entweder republikanisch oder despotisch. Der Republikanism ist das Staatsprincip der Absonderung der ausführenden Gewalt (der Regierung) von der Gesetzgebenden; der Despotism ist das der eigen-mächtigen Vollziehung des Staats von Gesetzen, die er selbst gegeben hat, mithin der öffentliche Wille, sofern er von dem Regenten als sein Privatwille gehandhabt wird. – Unter den drey Staatsformen ist die der Demokratie, im eigentlichen Verstande des Worts, nothwendig ein Despotism, weil sie eine exekutive Gewalt gründet, da alle über und allenfalls auch wider Einen (der also nicht mit einstimmt), mithin Alle, die doch nicht Alle sind, beschließen; welches ein Widerspruch des allgemeinen Willens mit sich selbst und mit der Freyheit ist.

Alle Regierungsform nämlich, die nicht repräsentativ ist, ist eigentlich eine Unform, weil der Gesetzgeber in einer und derselben Person zugleich Vollstrecker seines Willens (so wenig, wie das Allgemeine des Obersatzes in einem Vernunftschlusse zugleich die Subsumtion des Besondern unter jenem im Untersatze) seyn kann, und, wenn gleich die zwey andern Staatsverfassungen so fern immer fehlerhaft sind, daß sie einer solchen Regierungsart Raum geben, so ist es bey ihnen doch wenigstens möglich, daß sie eine dem Geiste eines repräsentativen Systems gemäße Regierungsart annähmen, wie etwa Friedrich II. wenigstens sagte: er sey bloß der oberste Diener des Staats *)

---

*. Man hat die hohen Benennungen, die einem Beherrscher oft beygelegt werden (die eines göttlichen Gesalbten, eines Verwesers des göttlichen Willens auf Erden und Stellvertreters desselben), als grobe, schwindlich machende Schmeicheleyen oft getadelt; aber mich dünkt, ohne Grund. – Weit gefehlt, daß sie den Landesherrn sollten hochmüthig machen, so müssen sie ihn vielmehr in seiner Seele demüthigen, wenn er Verstand hat (welches man doch voraussetzen muß), und bedenkt, daß er ein Amt übernommen habe, was für einen Menschen zu groß ist, nämlich das Heiligste, was Gott auf Erden hat, das Recht der Menschen zu verwalten, und diesem Augapfel Gottes irgend worinn zu nahe getreten zu seyn, jederzeit in Besorgnis stehen muß.

Para não confundir a constituição republicana com a democrática – como por vezes acontece –, é necessário observar o seguinte. As formas de um Estado – *"civitas"* – podem dividir-se assim: ou pela diferença das pessoas que detêm o poder soberano, ou pelo modo que o soberano – seja quem for – governa o povo. A primeira é propriamente forma da soberania (forma *imperii*), e só três são possíveis, a saber: que a soberania seja possuída por "um" ou "vários" ou "todos" os que constituem sociedade política, isto é, "autocracia", "aristocracia", "democracia". A segunda é a forma de governo (forma *regiminis*), referindo-se ao modo pelo qual o Estado faz uso da integridade de seu poder; esse modo se fundamenta na constituição, ato da vontade geral, que converte a multidão em povo. Só duas formas cabíveis nessa forma particular: a "republicana" ou a "despótica". O "republicanismo" é o princípio político da separação do poder executivo (governo) e do poder legislativo; o despotismo é o princípio do governo do estado por meio de leis que o próprio governante promulgou; é, pois, a vontade pública manejada e aplicada pelo regente como vontade privada. Das três formas possíveis do Estado, é a democracia – na expressão real da palavra – necessariamente despotismo, porque estatui um poder executivo no qual todos decidem sobre um, e até por vezes contra um – se este não dá o seu consentimento –; todos, portanto, decidem, sem que na realidade sejam todos, o que constitui uma contradição da vontade geral para consigo mesma e em relação à liberdade.

Uma forma de governo que não seja "representativa" não é forma de governo, porque o legislador, não pode ser ao mesmo tempo, numa e na mesma pessoa, executor de sua vontade – assim como, no silogismo, a premissa maior exprime o universal e não pode desempenhar ao mesmo tempo a função da premissa menor, que inclui o particular no universal.

Ainda mesmo quando as outras duas constituições sejam defeituosas, em sentido tal que dão lugar a uma forma de governo não representativa, entretanto, nelas é possível adotar uma forma de governo adequada ao "espírito" do sistema representativo, como, por exemplo, quando Frederico II dizia, se bem que fosse apenas parlenda, "que era o primeiro servidor do Estado".[12]

---

12. Ouve-se frequentemente vituperar os altos tratamentos que recebe o príncipe – ungido de Deus, administrador da vontade divina na terra e representante do Onipotente –, considerá-los como bajulações grosseiras, próprias para endoidecer de orgulho ao monarca. Creio que tais críticas carecem de fundamento. Esses qualificativos, longe de excitar a vaidade do príncipe, antes devem deprimi-la, no íntimo de seu espírito, se o príncipe é homem sensato – deve-se supô-lo – e saber que ocupa um cargo demasiado grande e elevado para um homem: o de administrar o que de mais sagrado Deus pôs no mundo, o direito dos homens; vendo-se alvo tão próximo do olhar de Deus, o príncipe deverá sentir-se continuamente atemorizado. (N.A.)

Da hingegen die demokratische es unmöglich macht, weil Alles da Herr seyn will. – Man kann daher sagen: je kleiner das Personale der Staatsgewalt (die Zahl der Herrscher), je größer dagegen die Repräsentation derselben, desto mehr stimmt die Staatsverfassung zur Möglichkeit des Republikanism, und sie kann hoffen, durch allmähliche Reformen sich dazu endlich zu erheben. Aus diesem Grunde ist es in der Aristokratie schon schwerer, als in der Monarchie, in der Demokratie aber unmöglich anders, als durch gewaltsame Revolution zu dieser einzigen vollkommen rechtlichen Verfassung zu gelangen. Es ist aber an der Regierungsart*) dem Volk ohne alle Vergleichung mehr gelegen, als an der Staatsform (wiewohl auch auf dieser ihre mehrere oder mindere Angemessenheit zu jenem Zwecke sehr viel ankommt). Zu jener aber, wenn sie dem Rechtsbegriffe gemäß sein soll, gehört das repräsentative System, in welchem allein eine republikanische Regierungsart möglich, ohne welches sie (die Verfassung mag seyn welche sie wolle) despotisch und gewaltthätig ist. – Keine der alten. So genannten Republiken hat dieses gekannt, und sie mußten sich darüber auch schlechterdings in dem Despotism auflösen, der unter der Obergewalt eines Einzigen noch der erträglichste unter allen ist.

---

*. *Mallet du Pan rühmt in seiner Genietönenden, aber hohlen und sachleeren Sprache: nach vieljähriger Erfahrung endlich zur Ueberzeugung von der Wahrheit des bekannten Spruchs des Pope gelangt zu seyn: „laß über die beste Regierung Narren streiten; die bestgeführte ist die beste." Wenn das soviel sagen soll: die am besten geführte Regierung ist am besten geführt, so hat er, nach Schwifts Ausdruck, eine Nuß aufgebissen, die ihn mit einer Made belohnte; soll es aber bedeuten, sie sey auch die beste Regierungsart, d. i. Staatsverfassung, so ist es grundfalsch; denn Exempel von guten Regierungen beweisen nichts für die Regierungsart. – Wer hat wohl besser regiert als ein Titus und Markus Aurelius, und doch hinterließ der eine einen Domitian, der andere einen Commodus zu Nachfolgern; welches bey einer guten Staatsverfassung nicht hätte geschehen können, da ihre Untauglichkeit zu diesem Posten früh genug bekannt war, und die Macht des Beherrschers auch hinreichend war, um sie auszuschließen.*

De modo diverso, é impossível na constituição democrática porque todos querem mandar. Pode-se dizer, portanto, quanto mais reduzido o pessoal governante ou o número dos que mandam, quanto maior seja a representação que ostentam os que governam, bem mais tenderá a constituição do Estado à possibilidade do republicanismo; e, em tal caso, pode-se esperar que, mediante reformas sucessivas, chegue a elevar-se até ele. Por esses motivos, resulta mais difícil na aristocracia do que na monarquia, e impossível de todo na democracia, conseguir-se atingir à única constituição jurídica perfeita, a não ser por meio de uma revolução violenta. Mas o que importa mais ao povo é, incomparavelmente, a forma do governo[13], bem mais do que a forma do Estado, mesmo tendo esta grande importância, no que se refere à sua maior ou menor conformidade com o fim republicano[14]. Se a forma de governo há de ser, portanto, adequada ao conceito do direito, deverá assentar no sistema representativo, o único capaz de tornar possível uma forma republicana de governo; por outro lado, seja qual for a constituição do Estado, o governo será sempre despótico e arbitrário. Nenhuma das antigas repúblicas – apesar do nome – conheceu o sistema representativo e deveriam redundar em despotismo, o qual, se exerce sobre a autoridade de um só, é o mais tolerável de todos os despotismos.

---

13. Mallet du Pan, no seu estilo pomposo mas vazio, afirma que, depois de muitos anos de experiência, chegou por fim a convencer-se da verdade que encerra a máxima famosa do renomado Pope: "disputem os insensatos acerca de qual é o melhor governo; o melhor governo é o que melhor administra". Se isso quer dizer que o governo melhor administrador é o melhor administrado, pode-se retrucar, usando da expressão de Swift, que Pope partiu uma noz e esta lhe saiu falha. Mas caso se queira dizer que é a melhor forma de governo ou constituição, então é falsa completamente, porque os exemplos de bom governo nada provam acerca da forma de governo. Quem governou melhor do que um Tito ou do que um Marco Aurélio? Entretanto, tiveram por sucessores Domiciano e Comodo. Tal coisa não teria sucedido numa boa constituição, porque seria conhecida de antemão a incapacidade de ambos para reger o Estado, e teria o príncipe soberano poder suficiente para excluí-los do governo. (N.A.)

14. Vale citar BOBBIO, Norberto. *Direito e Estado no Pensamento de Emanuel Kant.* Trad. Alfredo Fait. Brasília:UnB, 1984: "Fique bem claro então que 'república' não significa para Kant 'democracia'. Democracia significa governo de todos; república significa um certo método de exercer o poder (ainda que quem governe daquela maneira seja somente o monarca). <...> Trata-se agora de ver qual é o método de governo que caracteriza a forma republicana, e serve para distinguir um governo republicano de um governo despótico. <...> 'O regime republicano aplica o princípio político da separação do poder executivo (governo) do poder legislativo; o despotismo é a execução arbitrária das leis que o Estado deu a si mesmo, nele a vontade pública é substituída pela vontade particular do soberano.' Parece, então, que, para Kant, o que distingue um governo despótico de um governo não-despótico seja a separação dos poderes (p.141)".

ZWEYTER DEFINITIVARTIKEL ZUM EWIGEN FRIEDEN

Das Völkerrecht soll auf einen Föderalism freier Staaten gegründet seyn.

Völker, als Staaten, können wie einzelne Menschen beurtheilt werden, die sich in ihrem Naturzustande (d. i. in der Unabhängigkeit von äußern Gesetzen) schon durch ihr Nebeneinanderseyn lädiren, und deren jeder, um seiner Sicherheit willen, von dem andern fordern kann und soll, mit ihm in eine, der bürgerlichen ähnliche, Verfassung zu treten, wo jedem sein Recht gesichert werden kann. Dies wäre ein Völkerbund, der aber gleichwohl kein Völkerstaat seyn müßte. Darin aber wäre ein Widerspruch; weil ein jeder Staat das Verhältnis eines Oberen (Gesetzgebenden) zu einem Unteren (gehorchenden, nämlich dem Volk) enthält, viele Völker aber in einem Staat nur ein Volk ausmachen würden, welches (da wir hier das Recht der Völker gegen einander zu erwägen haben, so fern sie so viel verschiedene Staaten ausmachen, und nicht in einem Staat zusammenschmelzen sollen) der Voraussetzung widerspricht.

Segundo Artigo Definitivo de um Tratado de Paz Perpétua

O direito das gentes (*Jus gentium*) deve assentar
necessariamente numa federação de Estados livres

Os povos, como Estados que são, podem considerar-se como indivíduos em estado de natureza – isto é, independentes de toda lei externa –, cuja convivência, nesse Estado natural, constitui já grave prejuízo para todos e para cada um. Todo Estado pode e dever afirmar a sua própria estabilidade, sugerindo aos demais para que formem com ele uma espécie de constituição, semelhante à constituição política, que garanta o direito de cada um. Isto seria uma Sociedade de nações, à qual, contudo, não deverá ser um Estado de nações. Nisso tudo se notaria uma contradição, porque todo Estado implica na relação de um superior – o que legisla – para com um inferior – o que obedece, o povo –; muitos povos, reunidos em um Estado, teriam que ser um só povo, o que contradiz essa hipótese; com efeito, devemos considerar aqui o direito dos povos, uns em relação a outros precisamente enquanto constituem diferentes Estados, não devendo fundir-se num só.

Gleichwie wir nun die Anhänglichkeit der Wilden an ihre gesetzlose Freyheit, sich lieber unaufhörlich zu balgen, als sich einem gesetzlichen, von ihnen selbst zu constituirenden, Zwange zu unterwerfen, mithin die tolle Freyheit der vernünftigen vorzuziehen, mit tiefer Verachtung ansehen, und als Rohigkeit, Ungeschliffenheit, und viehische Abwürdigung der Menschheit betrachten, so, sollte man denken, müßten gesittete Völker (jedes für sich zu einem Staat vereinigt) eilen, aus einem so verworfenen Zustande je eher desto lieber herauszukommen: Statt dessen aber setzt vielmehr jeder Staat seine Majestät (denn Volksmajestät ist ein ungereimter Ausdruck) gerade darin, gar keinem äußeren gesetzlichen Zwange unterworfen zu seyn, und der Glanz seines Oberhaupts besteht darin, daß ihm, ohne daß er sich eben selbst in Gefahr setzen darf, viele Tausende zu Gebot stehen, sich für eine Sache, die sie nichts angeht, aufopfern zu lassen *), und der Unterschied der europäischen Wilden von den amerikanischen besteht hauptsächlich darin, daß, da manche Stämme der letzteren von ihren Feinden gänzlich sind gegessen worden, die ersteren ihre Ueberwundene besser zu benutzen wissen, als sie zu verspeisen, und lieber die Zahl ihrer Unterthanen, mithin auch die Menge der Werkzeuge zu noch ausgebreiteteren Kriegen durch sie zu vermehren wissen.

Bey der Bösartigkeit der menschlichen Natur, die sich im freyen Verhältnis der Völker unverholen blicken läßt (indessen daß sie im bürgerlich-gesetzlichen Zustande durch den Zwang der Regierung sich sehr verschleyert), ist es doch zu verwundern, daß das Wort Recht aus der Kriegspolitik noch nicht als pedantisch ganz hat verwiesen werden können, und sich noch kein Staat erkühnet hat, sich für die letztere Meynung öffentlich zu erklären; denn noch werden Hugo Grotius, Puffendorf, Vattel u. a. m. (lauter leidige Tröster), obgleich ihr Codex, philosophisch oder diplomatisch abgefaßt, nicht die mindeste gesetzliche Kraft hat, oder auch nur haben kann (weil Staaten als solche nicht unter einem gemeinschaftlichen äußeren Zwange stehen), immer treuherzig zur Rechtfertigung eines Kriegsangriffs angeführt, ohne daß es ein Beyspiel giebt, daß jemals ein Staat durch mit Zeugnissen so wichtiger Männer bewaffnete Argumente wäre bewogen worden, von seinem Vorhaben abzustehen. – Diese Huldigung, die jeder Staat dem Rechtsbegriffe (wenigstens den Worten nach) leistet, beweist doch, daß eine noch größere, obzwar zur Zeit schlummernde, moralische Anlage im Menschen anzutreffen sey, über das böse Princip in ihm (was er nicht ableugnen kann) doch einmal Meister zu werden, und dies auch von andern zu hoffen; denn sonst würde das Wort Recht den Staaten, die sich einander befehden wollen, nie in den Mund kommen, es sey denn, bloß um seinen Spott damit zu treiben, wie jener gallische Fürst es erklärte: „Es ist der Vorzug, den die Natur dem Stärkern über den Schwächern gegeben hat, daß dieser ihm gehorchen soll."*

---

*. *So gab ein bulgarischer Fürst dem griechischen Kayser, der gutmüthigerweise seinen Streit mit ihm durch einen Zweykampf ausmachen wollte, zur Antwort: „Ein Schmidt, der Zangen hat, wird das glühende Eisen aus den Kohlen nicht mit seinen Händen herauslangen."*

Pois bem, quando vemos o apego que os selvagens têm pela sua liberdade sem lei, preferindo a luta continua a submeter-se a uma força legal constituída em benefício deles mesmos; preferindo uma liberdade insensata à liberdade racional, julgamo-los com profundo desprezo, considerando a sua conduta como bárbara incultura, como embrutecimento bestial da humanidade; do mesmo modo – dever-se-ia pensar – estão obrigados os povos civilizados, cada um dos quais constitui um Estado, a sair quanto antes dessa situação desprezível. Longe disso, timbram os Estados na sua majestade – pois falar da majestade do povo seria usar de uma expressão absurda – em não submeter-se a nenhuma pressão legal exterior; e o esplendor e requinte dos príncipes consiste em ter sob as suas ordens, em expor-se a perigo algum, milhares de combatentes dispostos a sacrificar-se[15] por uma causa que em nada os interessa. A diferença entre os selvagens da Europa e os da América, deflui principalmente do fato de que muitas tribos americanas foram devoradas pelos seus inimigos, enquanto que nos Estados europeus, em lugar de comer-se aos vencidos, faz-se algo melhor: incorporam-se os mesmos ao séquito dos seus súditos para ter mais soldados com que fazer novas guerras.

Se considerarmos a perversidade da natureza humana, demonstrada sem o mínimo recato nas relações entre os povos livres – contida, por outra forma, veladamente no estado civil e político através da coação legal do Governo –, é de admirar-se que a palavra "direito" não tenha ainda sido excluída da política bélica como pedante e arbitrária. Todavia nenhum Estado se atreveu a sustentar publicamente esta opinião. Fundamentam-se ultimamente em Hugo Grotius, Pufendorf, em Vattel e em outros – triste consolo! –, ainda quando esses códigos, compostos sob sentidos filosófico ou diplomático, não têm nem podem ter a menor força legal, porque os Estados, como tais, não são submetidos a nenhuma autoridade externa comum. Citam esses juristas, sinceramente, para justificar uma declaração de guerra; contudo, não há exemplo de que um Estado se houvesse comovido com o testemunho destes homens ilustres e por isso abandonado os seus propósitos. Entretanto, a homenagem que tributam dessa forma os Estados ao conceito do direito – pelo menos por palavras –, demonstra que no homem há uma tendência importante ao bem moral. Esta tendência, por vezes sonolenta no momento, aspira sobrepujar o princípio mau – que inegavelmente existe –, permitindo esperar também nos demais uma vitória semelhante. Se assim fosse, aos Estados nunca ocorreria a ideia de falar em direito, quando se dispõem a lançar-se na guerra, a não ser por pilhéria, como aquele príncipe gaulês que dizia: "A vantagem que a natureza deu ao mais forte é que o mais débil deve obedecer-lhe".

---

15. Um príncipe búlgaro, a quem o imperador grego propunha um combate singular para dirimir certa dissensão surgida entre ambos, replicou: "...que um ferreiro que tem tenazes não colhe o ferro ardente com suas próprias mãos". (N.A.)

Da die Art, wie Staaten ihr Recht verfolgen, nie, wie bey einem äußern Gerichtshofe, der Proceß, sondern nur der Krieg seyn kann, durch diesen aber und seinen günstigen Ausschlag, den Sieg, das Recht nicht entschieden wird, und durch den Friedensvertrag zwar wohl dem diesmaligen Kriege, aber nicht dem Kriegszustande (immer zu einem neuen Vorwand zu finden) ein Ende gemacht wird (den man auch nicht geradezu für ungerecht erklären kann, weil in diesem Zustande jeder in seiner eigenen Sache Richter ist), gleichwohl aber von Staaten, nach dem Völkerrecht, nicht eben das gelten kann, was von Menschen im gesetzlosen Zustande nach dem Naturrecht gilt, „aus diesem Zustande herausgehen zu sollen" (weil sie, als Staaten, innerlich schon eine rechtliche Verfassung haben, und also dem Zwange anderer, sie nach ihren Rechtsbegriffen unter eine erweiterte gesetzliche Verfassung zu bringen, entwachsen sind), indessen daß doch die Vernunft vom Throne der höchsten moralisch gesetzgebenden Gewalt herab, den Krieg als Rechtsgang schlechterdings verdammt, den Friedenszustand dagegen zur unmittelbaren Pflicht macht welcher doch, ohne einen Vertrag der Völker unter sich, nicht gestiftet oder gesichert werden kann: – so muß es einen Bund von besonderer Art geben, den man den Friedensbund (foedus pacificum) nennen kann, der vom Friedensvertrag (pactum pacis) darin unterschieden seyn würde, daß dieser bloß e i n e n Krieg, jener aber alle Kriege auf immer zu endigen suchte. Dieser Bund geht auf keinen Erwerb irgend einer Macht des Staats, sondern lediglich auf Erhaltung und Sicherung der Freyheit eines Staats, für sich selbst und zugleich anderer verbündeten Staaten, ohne daß diese doch sich deshalb (wie Menschen im Naturzustande) öffentlichen Gesetzen, und einem Zwange unter denselben, unterwerfen dürfen. Die Ausführbarkeit (objektive Realität) dieser Idee der Föderalität, die sich allmählig über alle Staaten erstrecken soll, und so zum ewigen Frieden hinführt, läßt sich darstellen. Denn wenn das Glück es so fügt: daß ein mächtiges und aufgeklärtes Volk sich zu einer Republik (die ihrer Natur nach zum ewigen Frieden geneigt seyn muß) bilden kann, so gibt diese einen Mittelpunkt der föderativen Vereinigung für andere Staaten ab, um sich an sie anzuschließen, und so den Freyheitszustand der Staaten, gemäß der Idee des Völkerrechts, zu sichern, und sich durch mehrere Verbindungen dieser Art nach und nach immer weiter auszubreiten.

A maneira com que os Estados procuram impor o seu direito, não pode ser nunca um processo ou pleito, como os que se demandam diante dos tribunais; deve sê-lo pela guerra. Mas a guerra vitoriosa não decide acerca do direito, e o tratado de paz, apesar de por termo às hostilidades reinantes, não acaba com o estado de guerra latente, pois cabem sempre, para reativar a luta, pretextos e motivos que não podem ser considerados, sem mais nem menos, como injustos, não obstante em tal situação cada um ser o juiz único de sua própria causa. Para os indivíduos que vivem num estado anárquico tem vigência e aplicação a máxima do direito natural que os obriga a sair desse estado de coisas, para os Estados, segundo o direito das gentes, essa máxima não tem aplicação. Os Estados já possuem uma constituição jurídica interna, e portanto, não têm motivos de submeter-se à pressão de outros que queiram conduzi-los a uma constituição comum e mais ampla, de acordo com as suas concepções do direito. Todavia, a razão, dos cimos do máximo poder moral legislador, pronuncia-se contra a guerra de modo absoluto, negando-se a reconhecer a guerra como um processo jurídico e impõe como dever estrito, a paz entre os homens. Mas a paz não pode se assentar e afirmar-se a não ser mediante um pacto entre os povos. É preciso, pois, estabelecer uma federação de tipo especial que poderia denominar-se federação da paz (*fœdus pacificum*), que se distingue do tratado de paz (*pactum pacis*), vez que este finda a guerra e aquela põe termo a toda guerra. Esta federação não se propõe adquirir nenhum poder próprio de Estado, mas simplesmente manter e assegurar a liberdade de um Estado em si mesmo, e também a dos demais estados federados, sem que estes por isto tenham de submeter-se – como os indivíduos em estado de natureza – a leis políticas e a uma coação legal[16]. A possibilidade de levar a termo esta ideia – sua objetiva realidade –, de uma federação que distenda pouco a pouco a todos os Estados e conduza, em último termo, à paz perpétua, é suscetível de demonstração, podendo ser ampliada. Se o destino consente que um povo poderoso e ilustrado se constitua em uma república, que por uma tendência natural há de inclinar-se para a ideia de paz perpétua, será esse povo um centro possível de união federativa de outros estados, que se reunirão com ele para afirmar a paz entre si, de acordo com a ideia do direito das gentes, e a federação, pouco a pouco, se distenderá mediante adesões idênticas, até conglobar em si todos os povos.

---

16. A fim de indicar quanto essa argumentação teve relevo, a Carta do Atlântico de 14 de agosto de 1941, por exemplo: "O Presidente dos Estados Unidos da América e o Senhor Churchill, Primeiro Ministro, representando o Governo de Sua Majestade no Reino Unido, estando-se reunidos no mar, julgam conveniente dar a conhecer os princípios sobre os quais

Daß ein Volk sagt: „es soll unter uns kein Krieg seyn; denn wir wollen uns in einen Staat formieren, d. i. uns selbst eine oberste gesetzgebende, regierende und richtende Gewalt setzen, die unsere Streitigkeiten friedlich ausgleicht" das läßt sich verstehen. Wenn aber dieser Staat sagt: „es soll kein. Krieg zwischen mir und andern Staaten seyn, obgleich ich keine oberste gesetzgebende Gewalt erkenne, die mir mein und der ich ihr Recht sichere," so ist es gar nicht zu verstehen, worauf ich dann das Vertrauen zu meinem Rechte gründen wolle, wenn es nicht das Surrogat des bürgerlichen Gesellschaftsbundes, nämlich der freye Föderalism ist, an die Vernunft mit dem Begriffe des Völkerrechts nothwendig verbinden muß, wenn überall etwas dabey zu denken übrigbleiben soll.

Que um povo diga: "não quero que haja guerra entre nós; vamos constituir-nos em um Estado; isto é, submeter-nos-emos todos a um poder supremo que legisle, governe e dirima em paz as nossas divergências"; que um povo diga isso, repito, é coisa que muito bem se compreenderá[17]. Mas, que diga um Estado: "não quero que haja mais guerra entre eu e os demais Estados; mas nem por isso reconhecerei um poder supremo, legislador, que assegure o meu direito e o dos demais", é coisa que não se pode compreender de forma alguma. Sobre o que, nesse caso, fundamentar-se-á a confiança no direito, a não ser sobre o substitutivo da associação política, isto é, sobre a livre federação dos povos? A razão une, necessariamente, a ideia de federação ao conceito de direito das gentes, sem o que este último careceria de qualquer conteúdo ponderável.

eles baseiam suas esperanças num futuro melhor para o mundo e que são comuns à política nacional de seus respectivos países.
1. Seus países não buscam nenhum aumento territorial ou outro.
2. Não desejam ver nenhuma modificação territorial que não esteja de acordo com os desejos livremente expressos dos povos interessados.
3. Respeitam o direito que tem cada povo de escolher a forma de governo sob a qual deve viver, desejam que sejam devolvidos os direitos soberanos e o livre exercício do governo aos que foram privados deles pela força.
4. Esforçam-se para, levando em consideração as obrigações já por eles assumidas, abrir igualmente a todos os estados, grandes ou pequenos, vencedores ou vencidos, o acesso às matérias-primas do mundo e às transações comerciais que são necessárias à sua prosperidade econômica.
5. Desejam tornar real entre todas as nações a colaboração mais completa, no domínio da economia, a fim de garantir a todas a melhoria da condição operária. O progresso econômico e a segurança social.
6. Após a destruição final da tirania nazi, esperam ver estabelecer-se uma paz que permitirá a todas as nações permanecerem em segurança no interior de suas próprias fronteiras e que garantirá a todos os homens de todos os países uma existência livre do medo e da necessidade.
7. Tal paz permitirá a todos os homens navegarem sem entraves pelos mares.
Eles têm convicção de que todas as nações do mundo, tanto por razões de ordem prática quanto de ordem espiritual, deverão renunciar finalmente ao uso da força. E desde que é impossível salvaguardar a paz futura enquanto certas nações que a ameaçam – ou poderiam ameaçá-la – possuem armas no mar, em terra e nos ares, consideram que até que se possa estabelecer um sistema extensivo e permanente de segurança geral, o desarmamento destas nações se impõe. Do mesmo modo ajudarão e encorajarão todas as outras medidas práticas suscetíveis de aliviar o fardo esmagador dos armamentos que oprime os povos pacíficos."
17. Veja-se, por exemplo, o texto do proêmio da:
CARTA DAS NAÇÕES UNIDAS
Nós, os povos das Nações Unidas, decididos:
a preservar as gerações vindouras do flagelo da guerra que por duas vezes, no espaço de uma vida humana, trouxe sofrimentos indizíveis à humanidade;
a reafirmar a nossa fé nos direitos fundamentais do homem, na dignidade e no valor da pessoa humana, na igualdade de direitos dos homens e das mulheres, assim como das nações, grandes e pequenas;
a estabelecer as condições necessárias à manutenção da justiça e do respeito das obrigações decorrentes de tratados e de outras fontes do direito internacional;
a promover o progresso social e melhores condições de vida dentro de um conceito mais amplo de liberdade;

55

Bey dem Begriffe des Völkerrechts, als eines Rechts zum Kriege, läßt sich eigentlich gar nichts denken (weil es ein Recht seyn soll, nicht nach allgemein gültigen äußern, die Freyheit jedes Einzelnen einschränkenden Gesetzen, sondern nach einseitigen Maximen durch Gewalt, was Recht sey, zu bestimmen), es müßte denn darunter verstanden werden: daß Menschen, die so gesinnet sind, ganz recht geschieht, wenn sie sich unter einander aufreiben, und also den ewigen Frieden in dem weiten Grabe finden, das alle Gräuel der Gewaltthätigkeit sammt ihren Urhebern bedeckt. – Für Staaten, im Verhältnisse unter einander, kann es nach der Vernunft keine andere Art geben, aus dem gesetzlosen Zustande, der lauter Krieg enthält, herauszukommen, als daß sie, ebenso wie einzelne Menschen, ihre wilde (gesetzlose) Freyheit aufgeben, sich zu öffentlichen Zwangsgesetzen bequemen, und so einen (freylich immer wachsenden) Völkerstaat (ciuitas gentium), der zuletzt alle Völker der Erde befassen würde, bilden. Da sie dieses aber nach ihrer Idee vom Völkerrecht durchaus nicht wollen, mithin, was in thesi richtig ist, in hypothesi verwerfen, so kann an die Stelle der positiven Idee einer Weltrepublik (wenn nicht alles verlohren werden soll) nur das negative Surrogat eines den Krieg abwehrenden, bestehenden, und sich immer ausbreitenden Bundes, den Strom der rechtscheuenden, feindseligen Neigung aufhalten, doch mit beständiger Gefahr ihres Ausbruchs (Furor impius intus – fremit horridus ore cruento. Virgil.)

.

---

*. Nach einem beendigten Kriege, beym Friedensschlusse, möchte es wohl für ein Volk nicht unschicklich seyn, daß nach dem Dankfeste ein Bußtag ausgeschrieben würde, den Himmel, im Namen des Staats, um Gnade für die große Versündigung anzurufen, die das menschliche Geschlecht sich noch immer zu Schulden kommen läßt, sich keiner gesetzlichen Verfassung, im Verhältnis auf andere Völker, fügen zu wollen, sondern stolz auf seine Unabhängigkeit lieber das barbarische Mittel des Krieges (wodurch doch das, was gesucht wird, nämlich das Recht eines jeden Staats nicht ausgemacht wird) zu gebrauchen. – Die Dankfeste während dem Kriege über einen erfochtenen Sieg, die Hymnen, die (auf gut israelitisch) dem Herrn der Heerschaaren gesungen werden, stehen mit der moralischen Idee des Vaters der Menschen in nicht minder starkem Contrast; weil sie außer der Gleichgültigkeit wegen der Art, wie Völker ihr gegenseitiges Recht suchen (die traurig genug ist), noch eine Freude hineinbringen, recht viel Menschen, oder ihr Glück zernichtet zu haben.

Considerando-se a concepção de direito das gentes como a de um direito à guerra, surge realidade inconcebível; porque se deveria conceber então como um direito determinante do justo e do injusto, não segundo leis exteriores de valor universal, limitadora de liberdade de cada indivíduo, mas segundo máximas parciais fundamentadas sobre a força bruta. Só há um modo de compreender esse direito à guerra, e é o seguinte: é justo e legítimo que aqueles que pensam desse modo se lancem uns contra os outros, indo buscar a paz perpétua no seio da terra, no túmulo, que com seu manto fúnebre esconde e cobre os horrores e os causadores da violência. Para os Estados, na suas mútuas relações, não há, racionalmente, nenhum modo diverso de sair da situação anárquica, origem de guerras continuas, a não ser sacrificando, como fazem os indivíduos, a sua selvagem e irrefreável liberdade, inclinando-se a leis públicas coativas, constituindo assim um Estado de nações – *civitas gentium* – que, aumentando sem cessar, chegue finalmente a conter no seu seio, todos os povos da terra. Mas se não desejam isto, pela ideia que fazem do direito das gentes; se o que é exato *in thesi*, eles repelem *in hypothesi*, então, para não perdê-lo de todo, em lugar da ideia positiva de um república universal, pode-se recorrer ao recurso negativo de uma federação de povos que, mantida e ampliada incessantemente, evite as guerras e ponha um freio às tendências injustas e perversas, mesmo sob o constante perigo de uma irrupção irreparável. *Furros impius intus – fremit horridus ore cruento.* – Virgílio[18]

---

e para tais fins:

a praticar a tolerância e a viver em paz, uns com os outros, como bons vizinhos;

a unir as nossas forças para manter a paz e a segurança internacionais;

a garantir, pela aceitação de princípios e a instituição de métodos, que a força armada não será usada, a não ser no interesse comum;

a empregar mecanismos internacionais para promover o progresso econômico e social de todos os povos;

Resolvemos conjugar os nossos esforços para a consecução desses objetivos.

Em vista disso, os nossos respectivos governos, por intermédio dos seus representantes reunidos na cidade de São Francisco, depois de exibirem os seus plenos poderes, que foram achados em boa e devida forma, adotaram a presente Carta das Nações Unidas e estabelecem, por meio dela, uma organização internacional que será conhecida pelo nome de Nações Unidas.

18. Terminada uma guerra, no momento de ajustar a paz, seria conveniente que os povos, além de cerimônia ou festa em ação de graças, oferecessem a Deus um dia de penitência solene, para impetrar do céu o perdão pelo grande pecado que a humanidade comete em negando aos povos a oportunidade de entrar em um trato constitutivo legal com as demais nações, atendendo-se à sua orgulhosa independência, ao uso de barbárie militar – que na realidade não se presta para conseguir o que se deseja, isto é, a definição do direito de cada um –. As festas de ação de graças que se celebram durante a guerra, na ocasião de uma vitória; os hinos que se cantam em louvor do Senhor dos exércitos – exprima-se isso em bom hebraico –, esse conjunto forma um contraste não desprezível com a ideia moral do Pai dos homens. Supõem tais coisas uma completa indiferença em relação ao modo pelo qual cada povo procura defender o seu direito. Isto já é bastante constrangedor. Acrescente-se ainda o júbilo que exterioriza por haver aniquilado tantos homens e desfeitos numerosas venturas. (N.A.)

DRITTER DEFINITIVARTIKEL ZUM EWIGEN FRIEDEN

*Das Weltbürgerrecht soll auf Bedingungen der
allgemeinen Hospitalität eingeschränkt seyn.*

*E*s ist hier, wie in den vorigen Artikeln, nicht von Philanthropie, sondern vom Recht die Rede, und da bedeutet Hospitalität (Wirtbarkeit) das Recht eines Fremdlings, seiner Ankunft auf dem Boden eines andern wegen, von diesem nicht feindselig behandelt zu werden. Dieser kann ihn abweisen, wenn es ohne seinen Untergang geschehen kann; so lange er aber auf seinem Platz sich friedlich verhält, ihm nicht feindlich begegnen.

Terceiro Artigo Definitivo de um Tratado de Paz Perpétua

O direito cosmopolítico deve circunscrever-se às
condições de uma hospitalidade universal.

Aqui se trata, como no artigo precedente, não de filantropia mas de direito. Significa hospitalidade o direito de um estrangeiro de não ser tratado hostilmente pelo fato de ter chegado ao território alheio. Este pode repeli-lo se a repulsa não for causa da ruína do recém-chegado; mas enquanto o estrangeiro se mantenha pacificamente no lugar, não é possível hostilizá-lo.

Es ist kein Gastrecht, worauf dieser Anspruch machen kann (wozu ein besonderer wohlthätiger Vertrag erfordert werden würde, ihn auf eine gewisse Zeit zum Hausgenossen zu machen), sondern ein Besuchsrecht, welches allen Menschen zusteht, sich zur Gesellschaft anzubieten, vermöge des Rechts des gemeinschaftlichen Besitzes der Oberfläche der Erde, auf der, als Kugelfläche, sie sich nicht ins Unendliche zerstreuen können, sondern endlich sich doch neben einander dulden zu müssen, ursprünglich aber niemand an einem Orte der Erde zu seyn, mehr Recht hat, als der Andere. – Unbewohnbare Theile dieser Oberfläche, das Meer und die Sandwüsten, trennen diese Gemeinschaft, doch so, daß das Schiff, oder das Kameel (das Schiff der Wüste) es möglich machen, über diese herrenlose Gegenden sich einander zu nähern, und das Recht der Oberfläche, welches der Menschengattung gemeinschaftlich zukommt, zu einem möglichen Verkehr zu benutzen. Die Unwirthbarkeit der Seeküsten (z. B. der Barbaresken), Schiffe in nahen Meeren zu rauben, oder gestrandete Schiffsleute zu Sklaven zu machen, oder die der Sandwüsten (der arabischen Beduinen), die Annäherung zu den nomadischen Stämmen als ein Recht anzusehen, sie zu plündern, ist also dem Naturrecht zuwider, welches Hospitalitätsrecht aber, d. i. die Befugnis der fremden Ankömmlinge, sich nicht weiter erstreckt, als auf die Bedingungen der Möglichkeit, einen Verkehr mit den alten Einwohnern zu versuchen. – Auf diese Art können entfernte Welttheile mit einander friedlich in Verhältnisse kommen, die zuletzt öffentlich gesetzlich werden, und so das menschliche Geschlecht endlich einer weltbürgerlichen Verfassung immer näher bringen können.

Vergleicht man hiemit das inhospitale Betragen der gesitteten, vornehmlich handeltreibenden Staaten unseres Welttheils, so geht die Ungerechtigkeit, die sie in dem Besuch e fremder Länder und Völker (welches ihnen mit dem Erobern derselben für einerley gilt) beweisen, bis zum Erschrecken weit. Amerika, die Negerländer, die Gewürzinseln, das Kap etc. waren, bey ihrer Entdeckung, für sie Länder, die keinem angehörten; denn die Einwohner rechneten sie für nichts. In Ostindien (Hindustan brachten sie, unter dem Vorwande blos beabsichtigter Handelsniederlagen, fremde Kriegesvölker hinein, mit ihnen aber Unterdrückung der Eingebohrnen, Aufwiegelung der verschiedenen Staaten desselben zu weit ausgebreiteten Kriegen, Hungersnoth, Aufruhr, Treulosigkeit, und wie die Litaney aller Uebel, die das menschliche Geschlecht drücken, weiter lauten mag.

Não se trata aqui de um direito, pelo qual o recém-chegado possa exigir o tratamento de hóspede: que para tanto seria necessário, nesse caso, um convênio especial benéfico que desse ao estrangeiro a consideração e a deferência de um amigo ou convidado, mas simplesmente de um direito de visitante, que assiste a todos os homens: o direito de apresentar-se na sociedade. Este direito se funda na posse comum da superfície terrestre; os homens não podem se disseminar até o infinito através do globo, cuja superfície é limitada e, portanto, devem tolerar mutuamente a sua presença, já que originariamente, ninguém tem melhor direito do que qualquer outro a permanecer em determinado lugar do planeta[19]. Certas partes inabitáveis da superfície da Terra, os mares, os desertos, dividem essa comunidade; entretanto, o "navio" ou o "camelo" – navio do deserto – permitem aos homens aproximar-se uns dos outros nessas paragens sem senhor e fazer uso, para um possível tráfego, do direito à "superfície" que assiste a toda espécie humana em comum. A inospitalidade de certas costas – *verbi gratia*, as bárbaras –, em que se assaltam as embarcações que navegam no mar ou se escravizam os marinheiros que chegam ocasionalmente às praias; a inospitalidade dos desertos – *verbi gratia*,dos árabes, beduínos –, que consideram a proximidade de tribos nômades como um direito a saqueá-las, tudo isso é bastante contrário ao direito natural. Mas o direito de hospitalidade, isto é, a faculdade do recém-chegado, se aplica só às condições necessárias para "intentar" uma relação com os habitantes. Desse modo, podem entrar em relações pacíficas povoações longínquas entre si, as quais, se converterem-se finalmente em públicas e legais, levarão quiçá a raça humana a instaurar uma constituição cosmo política.

Se considerarmos, por outra forma, a conduta xenófoba[20] que seguem os Estados civilizados do nosso continente, sobretudo os comerciantes, são de espantar as injustiças que cometem quando "visitam" povos e terras estranhos. Visitar é para eles a mesma coisa que "conquistar". A América, as terras habitadas pelos negros, as ilhas das especiarias, o Cabo, eram para eles quando foram descobertos, países que não pertenciam a ninguém; todos os seus nativos eram desconsiderados. Nas Índias Orientais – Indostão –, sob o pretexto de estabelecer feitorias comerciais, introduziram, os europeus, tropas estrangeiras, oprimindo dessa forma os aborígenes; incentivaram grandes guerras entre os diferentes Estados daquelas regiões, usaram da perfídia, ocasionando a rebelião e a fome, enfim todo o dilúvio de males que podem afligir a humanidade.

---

19. Aqui se estabelece o problema fundamental da alteridade: em princípio o Outro é também o Mesmo.

20. A rigor: inóspita.

*China** und Japan (Nipon), die den Versuch mit solchen Gästen gemacht hatten, haben daher weislich, jenes zwar den Zugang, aber nicht den Eingang, dieses auch den ersteren nur einem einzigen europäischen Volk, den Holländern, erlaubt, die sie aber doch dabey, wie Gefangene, von der Gemeinschaft mit den Eingebohrnen ausschließen. Das Aergste hiebey (oder, aus dem Standpunkte eines moralischen Richters betrachtet, das Beste) ist, daß sie dieser Gewaltthätigkeit nicht einmal froh werden, daß alle diese Handlungsgesellschaften auf dem Punkte des nahen Umsturzes stehen, daß die Zuckerinseln, dieser Sitz der allergrausamsten und ausgedachtesten Sklaverey, keinen wahren Ertrag abwerfen, sondern nur mittelbar, und zwar zu einer nicht sehr löblichen Absicht, nämlich zu Bildung der Matrosen für Kriegsflotten,[2]*

---

*.** Um dieses große Reich mit dem Namen, womit es sich selbst benennt, zu schreiben (nämlich China, nicht Sina, oder einen diesem ähnlichen Laut), darf man nur Georgii Alphab. Tibet. pag. 651-654, vornehmlich Nota b unten, nachsehen. – Eigentlich führt es, nach des Petersb. Prof. Fischer Bemerkung, keinen bestimmten Namen, womit es sich selbst benennt; der gewöhnlichste ist noch der des Worts Kin, nämlich Gold (welches die Tibetaner mit Ser ausdrücken), daher der Kayser König des Goldes (des herrlichsten Landes von der Welt) genannt wird, welches Wort wohl im Reiche selbst wie Chin lauten, aber von den italiänischen Missionarien (des Gutturalbuchstabens wegen), wie Kin ausgesprochen seyn mag. – Hieraus ersieht man dann, daß das von den Römern sogenannte Land der Serer China war, die Seide aber über Groß-Tibet (vermuthlich durch Klein-Tibet und die Bucharey über Persien, so weiter) nach Europa gefördert worden, welches zu manchen Betrachtungen über das Alterthum dieses erstaunlichen Staats, in Vergleichung mit dem von Hindustan, bey der Verknüpfung mit Tibet, und durch dieses, mit Japan, hinleitet; indessen daß der Nahme Sina oder Tschina, den die Nachbarn diesem Lande geben sollen, zu nichts hinführt. – – Vielleicht läßt sich auch die uralte, ob zwar nie recht bekannt gewordene Gemeinschaft Europens mit Tibet aus dem, was uns Hesychius hievon aufbehalten hat, nämlich dem Zuruf Κονξ Ομπαξ (Konx Ompax) des Hierophanten in den Eleusinischen Geheimnissen erklären (S. Reise des jüngern Anacharsis, 5ter Theil, S. 447 u. f.) – Denn nach Georgii Alph. Tibet. bedeutet das Wort Concioa Gott, welches eine auffallende Ähnlichkeit mit Konx hat, Pah-cio (ib. p. 520), welches von den Griechen leicht wie pax ausgesprochen werden konnte, promulgator legis, die durch die ganze Natur vertheilte Gottheit (auch Cenresi genannt, p. 177.) – Om aber, welches La Croze durch benedictus, gesegnet, übersetzt, kann, auf die Gottheit angewandt, wohl nichts anders als den Seliggepriesenen bedeuten, p. 507. Da nun P. Franz. Horatius von den Tibetanischen Lhama's, die er oft befrug, was sie unter Gott (Concioa) verständen, jederzeit die Antwort bekam: "es istdie Versammlung aller Heiligen" (d. i. der seligen durch die Lamaische Wiedergeburt, nach vielen Wanderungen durch allerley Körper, endlich in die Gottheit zurückgekehrten, in Burchane, d. i. anbetungswürdige Wesen, verwandelten Seelen (p. 223), so wird jenes geheimnisvolle Wort, Konx Ompax, wohl das heilige)Konx), selige (Om) und weise (Pax), durch die Welt überall verbreitete höchste Wesen (die personifizierte Natur) bedeuten sollen, und in den griechischen Mysterien gebraucht, wohl den Monotheism für die Epopten, im Gegensatz mit dem Polytheism des Volks angedeutet haben; obwohl P. Horatius (a. a. O.) hierunter einen Atheism witterte. – Wie aber jenes geheimnisvolle Wort über die Tibet zu den Griechen gekommen, läßt sich auf obige Art erklären und umgekehrt dadurch auch das frühe Verkehr Europens mit China über Tibet (vielleicht eher noch als mit Hindustan) wahrscheinlich machen.

A China[21] e o Japão, tendo tido provas do que são semelhantes hóspedes, procederam sabiamente, opondo grandes entraves à entrada de estrangeiros em seus domínios. A China permite que os mesmos aportem às suas costas, mas não os deixa penetrar através do país. O Japão admite isso somente para com os holandeses, tendo estes contudo de submeter-se a um tratado especial que exclui toda sociabilidade com os naturais do país. O pior de tudo isso – ou, se assim quiser, ou melhor, sob ponto de vista moral –, é que as nações civilizadas não colhem nenhum proveito desses excessos que cometem; as sociedades comerciais estão na iminência de abrir falência; as ilhas açucareiras – as Antilhas –, local em que exerce a mais cruel escravidão, não produzem verdadeiros ganhos, a não ser de um modo bem indireto e em sentido pouco recomendável, servindo para educação dos marinheiros, que passam logo a fazer parte da Armada, isto é, do

---

21. Para escrever-se o nome deste grande império, de acordo com a sua própria denominação – isto é, China, e não Sina ou qualquer outro som semelhante – bastará consultar o *Alphab. Tibet,* de Georgius, pp. 651-651, nota b. Não há, propriamente, segundo afirma o prof. Fisher, de São Petersburgo, um nome fixo que designe o império chim; o que se usa mais frequentemente é a palavra Kin, que significa *ouro* – que os tibetanos denominam *Ser* –; por isso o imperador é chamado rei do ouro – da mais magnífica terra do mundo –. Essa palavra, é possível que seja pronunciada no império como chim; mas os missionários italianos a pronunciavam em *kin* por causa do gutural de seu idioma nativo. Daqui se conclui, pois, que a terra que os romanos chamavam terra dos Séris era a China. O comércio da seda se fazia provavelmente através do Tibete, da Bokhara e da Pérsia, o que dá lugar a várias considerações acerca da antiguidade desse extraordinário Estado, comparativamente ao Indostão, em relação ao Tibete e o Japão. Por outro lado, o nome de Sina ou Tschina, que seus vizinhos costumam dar a essas terras, nada sugere. Poder-se-ia talvez explicar isso perfeitamente bem, pelas antiquíssimas, conquanto nunca bem conhecidas, relações da Europa com o Tibete, no que nos refere Heychio acerca do grito dos hierofantes nos mistérios de Eleusis. Este grito grego, corresponde na fonética latina a *Konx Onpax* (veja-se a *Viagem do Jovem Anarcharsis,* parte V, pp. 447 e seguintes). Pois bem, significa Deus, e esta palavra tem uma grande semelhança com a de *Konx,* a palavra *Pak-Cio* – id., p. 520 –, que os gregos dão como significadora do promulgador da lei, a divindade repartida pelo mundo, também chamada *Generesi,* p. 179 –, além de *Om,* que La Crose traduziu por *Benedictus,* abençoado, não pode aplicar-se de modo algum à divindade, significar nada que vá além da expressão de bem-aventurado – p.507 –, expressões contraditórias. Como o padre Francisco Horatio afirma quel, tendo perguntado muitas vezes aos Lamas tibetanos o que entendiam por Deus – *Concioa* –, obteve sempre a seguinte resposta: "É a reunião de todos os santos". A teoria da metafísica dos Lamas admite que as almas, após muitas migrações por toda espécie de corpos, vêm por si dar à bem-aventurada união na divindade, tornando-se *Burchane,* isto é, seres dignos de adoração – p. 23 –. Disso tudo se infere que aquelas misteriosas vozes eleusinas *Konx Ompax* significam:a divindade, *Konx,* bem-aventurada, *Om,* e sapientíssimo, *Pax,* ou seja o Supremo Ser dominando por toda a parte a natureza personificada. Nos mistérios helênicos talvez isso fosse um símbolo ou signo do monoteísmo dos epoptas – ou sacerdotes inspetores dos mistérios eleusinos – em oposição ao politeísmo popular. Contudo, o Padre Horatio acredita que há nisso algo de ateísmo. Em suma, a transladação para a Grécia dessa misteriosa palavra se explicaria admitindo as relações já enunciadas, sendo, reciprocamente, provável que haja havido bem cedo relações entre a China e a Europa através do Tibete, quiçá antes de havê-las entre a Índia e a Europa. (N. A.) [Comentário do revisor: O Egito se autodenominava Chemi – o correspondente a espuma, em particular aquela do mar.]

und also wieder zu Führung der Kriege in Europa dienen, und dieses möchten, die von der Frömmigkeit viel Werks machen, und, indem sie Unrecht wie Wasser trinken, sich in der Rechtgläubigkeit für Auserwählte gehalten wissen wollen.

Da es nun mit der unter den Völlern [!] der Erde einmal durchgängig überhand genommenen (engeren oder weiteren) Gemeinschaft so weit gekommen ist, daß die Rechtsverletzung an einem Platz der Erde an allen gefühlt wird: so ist die Idee eines Weltbürgerrechts keine phantastische und überspannte Vorstellungsart des Rechts, sondern eine nothwendige Ergänzung des ungeschriebenen Codex, sowohl des Staats- als Völkerrechts zum öffentlichen Menschenrechte überhaupt, und so zum ewigen Frieden, zu dem man sich in der continuirlichen Annäherung zu befinden, nur unter dieser Bedingung schmeicheln darf.

fomento bélico na Europa. Tais atos são praticadas por nações que fazem alarde de devotas e que, sufocadas em iniquidades, querem fazer figura de eleitas com pruridos de ortodoxia.

A comunidade, mais ou menos estreita, que se foi estabelecendo entre os povos da terra, já chegou até o ponto de que uma violação do direito, cometida em um lugar, repercutisse nos demais, permitindo inferir que a ideia do direito da cidadania mundial não é uma fantasia jurídica, mas complemento necessário do Código não escrito do direito político e do das gentes, que se eleva, desse modo, à categoria do direito público da humanidade[22] e favorece a paz perpétua, sendo condição necessária para que possa nutrir a esperança de uma contínua aproximação do estado pacífico.

---

22. O comentário de Bobbio sobre a característica de igualdade (em Kant) aqui, implicitamente, abordada pelo autor é relevante: "Se distinguimos quatro critérios fundamentais da justiça distributiva: 'A cada um segundo o próprio *status*.'; A cada um segundo o próprio mérito'; 'A cada um segundo o próprio trabalho'; 'A cada um segundo a própria necessidade'; e considerarmos o primeiro como característica de uma concepção feudal, o segundo de uma concepção liberal burguesa, o terceiro de uma concepção liberal-burguesa, o terceiro de uma concepção socialista, o quarto de uma concepção comunista, podemos ver claramente que Kant, criticando o critério do *status* e aceitando o do mérito, também neste ponto é intérprete genuíno da concepção liberal-burguesa da sociedade e das relações de convivência." (1984: p. 145)

Erster Zusatz

Von der Garantie des ewigen Friedens.

Das, was diese Gewähr (Garantie) leistet, ist nichts Geringeres als die große Künstlerin, Natur (natura daedala rerum), aus deren mechanischem Laufe sichtbarlich Zweckmäßigkeit hervorleuchtet, durch die Zwietracht der Menschen Eintracht selbst wider ihren Willen emporkommen zu lassen, und darum, gleich als Nöthigung einer ihren Wirkungsgesetzen nach uns unbekannten Ursache, Schicksal, bey Erwägung aber ihrer Zweckmäßigkeit im Laufe der Welt, als tiefliegende Weisheit einer höheren, auf den objectiven Endzweck des menschlichen Geschlechts gerichteten, und diesen Weltlauf prädeterminirenden Ursache Vorsehung *) genannt wird, die wir zwar eigentlich nicht an diesen Kunstanstalten der Natur erkennen, oder auch nur daraus auf sie schließen, sondern (wie in aller Beziehung der Form der Dinge auf Zwecke überhaupt) nur hinzudenken können und müssen, um uns von ihrer Möglichkeit, nach der Analogie menschlicher Kunsthandlungen, einen Begriff zu machen, deren Verhältnis und Zusammenstimmung aber zu dem Zwecke, den uns die Vernunft unmittelbar vorschreibt (dem moralischen), sich vorzustellen eine Idee ist, die zwar in theoretischer Absicht überschwenglich, in praktischer aber (z. B. in Ansehung des Pflichtbegriffs vom ewigen Frieden, um jenen Mechanism der Natur dazu zu benutzen) dogmatisch und ihrer Realität nach wohl gegründet ist. – Der Gebrauch des Worts Natur ist auch, wenn es, wie hier, bloß um Theorie (nicht um Religion) zu thun ist, schicklicher für die Schranken der menschlichen Vernunft (als die sich in Ansehung des Verhältnisses der Wirkungen zu ihren Ursachen, innerhalb den Grenzen möglicher Erfahrung halten muß), und bescheidener, als der Ausdruck einer für uns erkennbaren Vorsehung, mit dem man sich vermessenerweise ikarische Flügel ansetzt, um dem Geheimnis ihrer unergründlichen Absicht näher zu kommen.

---

*). Im Mechanism der Natur, wozu der Mensch (als Sinnenwesen) mit gehört, zeigt sich eine ihrer Existenz schon zum Grunde liegende Form, die wir uns nicht anders begreiflich machen können, als indem wir ihr den Zweck eines sie vorher bestimmenden Welturhebers unterlegen, dessen Vorherbestimmung wir die (göttliche) Vorsehung überhaupt, und, sofern sie in den Anfang der Welt gelegt wird, die gründende (prouidentia conditrix; semel iussit, semper parent, Augustin.), im Laufe der Natur aber diesen nach allgemeinen Gesetzen der

Suplemento Primeiro

Da Garantia da Paz Perpétua

Designamos a garantia da paz perpétua como nada menos do que esse grande artista chamado natureza – *natura dædala rerum* –. Em seu curso mecânico intuímos visivelmente determinada finalidade, que introduz nas dissensões humanas, ainda que contra a vontade do homem, harmonia e concórdia. A essa força conglobadora chamamos por vezes de Destino, se a consideramos como resultado de causas cujas leis de ação desconhecemos; outras vezes, de Providência[23], se nos fixamos na finalidade que ostenta no curso do mundo, como sabedoria profunda de uma causa suprema, dirigida para realizar o fim, último objetivo da humanidade, predeterminando a marcha do Universo. Não podemos certamente conhecê-la, na sua plenitude, por esses artifícios da natureza, nem mesmo inferi-la deles; mas podemos e devemos intuí-la por meio deles (como em toda referência da forma das coisas a fins generalizados), para formar conceitos de sua possibilidade, em analogia com os atos da arte humana. A representação de sua relação e concordância com o fim que nos prescreve imediatamente a razão: o fim moral, é uma ideia que, no sentido teórico, se apresenta como transcendente; mas, no sentido prático, por exemplo, em relação ao conceito do dever da paz perpétua, para utilizar a seu favor o mecanismo da natureza –, é dogmática, fundamentando-se perfeitamente bem na sua realidade. O uso da palavra "natureza", tratando-se, como aqui se trata, de teoria e não de religião, é mais próprio da limitação da natureza humana (que há de se manter dentro dos limites da experiência possível, em tudo que se refere à relação das causas com efeitos). É também mais modesto e humilde que o outro termo: "providência". Como se pudéssemos conhecê-la e sondá-la orgulhosamente, ou nos aproximarmos em voo impetuoso ao arcano de seus impenetráveis desígnios!

---

23. No mecanismo da Natureza, ao qual pertence o homem – como ser sensível –, manifesta-se uma forma, que serve de fundamento à sua essência e que não podemos conceber, a não ser supondo-a conforme a um fim, predeterminado pelo Criador do Universo. Essa determinação prévia denominamo-la *a providência divina* geral. A Providência, considerada na gênese do mundo, chama-se fundadora – *providentia conditrix; semel jussit, semper paret* (Agostinho) –; considerada no curso da Natureza como poder que conserva a própria Natureza, segundo leis

Ehe wir nun diese Gewährleistung näher bestimmen, wird es nöthig seyn, vorher den Zustand nachzusuchen, den die Natur für die auf ihrem großen Schauplatz handelnden Personen veranstaltet hat, der ihre Friedenssicherung zuletzt notwendig macht; – alsdann aber allererst die Art, wie sie diese leiste. Ihre provisorische Veranstaltung besteht darin: daß sie:

Zweckmäßigkeit zu erhalten, die waltende Vorsehung (prouidentia gubernatrix), ferner zu besonderen, aber von dem Menschen nicht vorherzusehenden, sondern nur aus dem Erfolg vermutheten Zwecken, die leitende (prouidentia directrix), endlich sogar in Ansehung einzelner Begebenheiten, als göttlicher Zwecke, nicht mehr Vorsehung, sondern Fügung (directio extraordinaria) nennen, welche aber (da sie in der Tat auf Wunder hinweiset, obgleich die Begebenheiten nicht so genannt werden) als solche erkennen zu wollen, thörigte Vermessenheit des Menschen ist; weil aus einer einzelnen Begebenheit auf ein besonderes Princip der wirkenden Ursache (daß diese Begebenheit Zweck, und nicht bloß naturmechanische Nebenfolge aus einem anderen uns ganz unbekannten Zwecke sey) zu schließen ungereimt und voll Eigendünkel ist, so fromm und demüthig auch die Sprache hierüber lauten mag. Eben so ist auch die Einteilung der Vorsehung (materialiter betrachtet), wie sie auf Gegenstände in der Welt geht, in die allgemeine und besondere, falsch und sich selbst widersprechend (daß sie z. B. zwar eine Vorsorge zur Erhaltung der Gattungen der Geschöpfe sey, die Individuen aber dem Zufall überlasse); denn sie wird eben in der Absicht allgemein genannt, damit kein einziges Ding als davon ausgenommen gedacht werde. – Vermuthlich hat man hier die Eintheilung der Vorsehung (formaliter betrachtet) nach der Art der Ausführung ihrer Absicht gemeynt: nämlich in ordentliche (z. B. das jährliche Sterben und Wiederaufleben der Natur nach dem Wechsel der Jahreszeiten) und außerordentliche (z. B. die Zuführung des Holzes an die Eisküsten, das da nicht wachsen kann, durch die Meerströme, für die dortigen Einwohner, die ohne das nicht leben konnten), wo, ob wir gleich die physisch-mechanische Ursache dieser Erscheinungen uns gut erklären können (z. B. durch die mit Holz bewachsene Ufer der Flüsse der temperierten Länder, in welche jene Bäume hineinfallen und etwa durch den Gulfstrom weiter verschleppt werden), wir dennoch auch die teleologische nicht übersehen müssen, die auf die Vorsorge einer über die Natur gebietenden Weisheit hinweiset. – Nur was den in den Schulen gebräuchlichen Begriff eines göttlichen Beytritts, oder Mitwirkung (concursus) zu einer Wirkung in der Sinnenwelt betrifft, so muß dieser wegfallen. Denn das Ungleichartige paaren wollen (gryphes jungere equis) und den, der selbst die vollständige Ursache der Weltveränderungen ist, seine eigene prädeterminirende Vorsehung während dem Weltlaufe ergänzen zu lassen (die also mangelhaft gewesen seyn müßte), z. B. zu sagen, daß nächst Gott der Arzt den Kranken zurecht gebracht habe, also als Beystand dabey gewesen sey, ist Erstlich an sich widersprechend. Denn causa solitaria non iuuat. Gott ist der Urheber des Arztes sammt allen seinen Heilmitteln, und so muß ihm, wenn man ja bis zum höchsten, uns theoretisch unbegreiflichen Urgrunde hinaufsteigen will, die Wirkung g a n z zugeschrieben werden. Oder man kann sie auch ganz dem Arzt zuschreiben, so fern wir diese Begebenheit als nach der Ordnung der Natur erklärbar in der Kette der Weltursachen verfolgen. Zweytens bringt eine solche Denkungsart auch um alle bestimmte Principien der Beurtheilung eines Effekts. Aber in moralisch – praktischer Absicht (die also ganz aufs Uebersinnliche gerichtet ist), z. B. in dem Glauben, daß Gott den Mangel unserer eigenen Gerechtigkeit, wenn nur unsere Gesinnung ächt war, auch durch uns unbegreifliche Mittel ergänzen wird, wir also in der Bestrebung zum Guten nichts nachlassen sollen, ist der Begriff des göttlichen Concursus ganz schicklich und sogar nothwendig; wobey es sich aber von selbst versteht, daß niemand eine gute Handlung (als Begebenheit in der Welt) hieraus zu erklären versuchen muß, welches ein vorgebliches theoretisches Erkenntnis des Uebersinnlichen, mithin ungereimt ist.

Antes de determinar com precisão essa garantia que oferece a natureza, será necessário examinarmos a situação em que a natureza colocou as pessoas que figuram em seu cenário, situação que requer uma paz solidamente assentada. Veremos logo o modo por que essa garantia é realizada na paz perpétua.

Eis as disposições provisórias da natureza:

---

universais de finalidade, chama-se providência reguladora – *providentia directrix* –; enfim, a respeito de alguns casos isolados, tidos como fins de Deus, a providência recebe outro nome: ode *direção – directio extraordinaria* –. Seria insensato descomedimento do homem o querer conhecê-la e penetrá-la – pois, na realidade, refere-se a milagres, se bem que esses casos não recebem tal designação –, e é absurdo inferir de um caso isolado um princípio particular de causa eficiente, segundo o qual esse caso é um fim e não apenas uma consequência mecânica episódica de outro fim distinto, para nós desconhecido. Semelhante ingerência, além de absurda é prova de orgulho desmedido, por humilde que seja a forma de expressão por que se manifeste. Da mesma forma a divisão da providência – materialmente considerada – em *universal* e *particular*, segundo os objetos do universo a que se refere, é falsa e contraditória, como, por exemplo, se dissermos que cuida da conservação das espécies e abandona os indivíduos à incerteza, porque precisamente tem o nome de universal, tendo-se como certo que nada, nem ninguém, está excluído de sua previsão. Provavelmente aqui se quis dividir a providência – considerada formalmente –, segundo o modo de realizar os seus propósitos, sendo então a divisão a seguinte: providência *ordinária* – por exemplo, a morte e a ressurreição anual da natureza nas estações – e providência *extraordinária*, como seja, a condução pelas correntes marítimas de troncos de árvores aos países gelados, cujos habitantes não poderiam viver sem essa madeira –. Nos casos de providência extraordinária, podemos explicar perfeitamente bem as causas físico-mecânicas dos aludidos fenômenos – por exemplo, que os rios dos países de clima temperado levam para o mar os troncos das árvores caídas na correnteza e a Golf-Stream (Corrente do Golfo) transporta-os às regiões gélidas –. Mas, não obstante, não devemos prescindir da explicação teológica, que supõe a providência de uma sabedoria, suprema e dominadora do mundo. O que deve desaparecer é esse conceito, tão usado nas escolas, de existência de uma colaboração ou *concurso* divino nos fenômenos do mundo sensível. Argumentamos, em primeiro lugar, que é contraditório equiparar o desigual – *gryphes jungere equis* – e acrescentar, a que já é causa perfeita das alterações do mundo, uma especial providência determinante, que implicaria imperfeição na primeira, como acontece, por exemplo, quando se diz que Deus concorre com médico para curar o enfermo. *Causa solitaria non juvat*. Deus criou o médico e os remédios, e os tratamentos das enfermidades e, se retrocedemos até o fundamento primacial e supremo, teoricamente inconcebível, deve-se atribuir a Deus todo o efeito. Mas também se poderá atribuir mesmo todo o efeito, se consideramos a cura como fenômeno explicável na ordem combinada das causas naturais. Em segundo lugar, deve-se considerar que essa teoria do concurso divino tornaria impossível toda determinação em princípios dos juízos de efeito qualquer. Pois bem, em sentido moral, moldado todo ele no suprassensível na fé, por exemplo, de que Deus deve remediar a imperfeição da justiça terrena, por meios que não concebemos, sendo obrigação de nossa parte preservar na prática do bem, em sentido tal, o conceito de *concurso divino* não só é conveniente, mas necessário. Contudo, naturalmente, ninguém deve tencionar definir desse modo uma boa ação considerada como uma ocorrência no mundo; isto seria absurdo, porque suporia um conhecimento teórico do suprassensível, o quê não podemos possuir. (N. A.)

1) für die Menschen in allen Erdgegenden gesorgt hat, daselbst leben zu können;
2) sie durch Krieg allerwärts hin, selbst in die unwirthbarsten Gegenden, getrieben hat, um sie zu bevölkern;
3) durch eben denselben sie in mehr oder weniger gesetzliche Verhältnisse zu treten genöthigt hat. – Daß in den kalten Wüsten am Eismeer noch das Moos wächst, welches das Rennthier unter dem Schnee hervorscharrt, um selbst die Nahrung, oder auch das Angespann des Ostiaken oder Samojeden zu seyn; oder daß die salzigten Sandwüsten doch noch dem Cameel, welches zu Bereisung derselben gleichsam geschaffen zu seyn scheint, um sie nicht unbenutzt zu lassen, enthalten, ist schon bewundernswürdig. Noch deutlicher aber leuchtet der Zweck hervor, wenn man gewahr wird, wie außer den bepelzten Thieren am Ufer des Eismeeres, noch Robben, Wallrosse und Wallfische an ihrem Fleische Nahrung, und mit ihrem Thran Feurung für die dortigen Anwohner darreichen. Am meisten aber erregt die Vorsorge der Natur durch das Treibholz Bewunderung, was sie (ohne daß man recht weiß, wo es herkommt) diesen gewächslosen Gegenden zubringt, ohne welches Material sie weder ihre Fahrzeuge und Waffen, noch ihre Hütten zum Aufenthalt zurichten könnten; wo sie dann mit dem Kriege gegen die Thiere gnug zu thun haben, um unter sich friedlich zu leben. Was sie aber dahin getrieben hat, ist vermuthlich nichts anders als der Krieg gewesen. Das erste Kriegswerkzeug aber unter allen Thieren, die der Mensch binnen der Zeit der Erdbevölkerung, zu zähmen und häuslich zu machen gelernt hatte, ist das Pferd (denn der Elephant gehört in die spätere Zeit, nämlich des Luxus schon errichteter Staaten), so wie die Kunst, gewisse, für uns jetzt, ihrer ursprünglichen Beschaffenheit nach, nicht mehr erkennbare Grasarten, Getraide genannt, anzubauen, ingleichen die Vervielfältigung und Verfeinerung der Obstarten durch Verpflanzung und Einpfropfung (vielleicht in Europa bloß zweyer Gattungen, der Holzäpfel und Holzbirnen), nur im Zustande schon errichteter Staaten, wo gesichertes Grundeigenthum statt fand, entstehen konnte, – nachdem die Menschen vorher in gesetzloser Freyheit von dem Jagd-*), Fischer- und Hirtenleben bis zum Ackerleben durchgedrungen waren, und nun Salz und Eisen erfunden ward, vielleicht die ersteren weit und breit gesuchten Artikel eines Handelsverkehrs verschiedener Völker wurden, wodurch sie zuerst in ein f riedliches Verhältnis gegen einander, und so, selbst mit Entfernteren, in Einverständnis, Gemeinschaft und friedliches Verhältnis unter einander gebracht wurden.

---

*. Unter allen Lebensweisen ist das Jagdleben ohne Zweifel der gesitteten Verfassung am meisten zuwider; weil die Familien, die sich da vereinzelnen müssen, einander bald fremd und sonach in weitläuftigen Wäldern zerstreut, auch bald feindselig werden, da eine jede zu Erwerbung ihrer Nahrung und Kleidung viel Raum bedarf. – Das Noachische Blutverbot, 1. M. IX, 4-6 (welches, öfters wiederholt, nachher gar den neuangenommenen Christen aus dem Heidenthum, obzwar in anderer Rücksicht, von den Judenchristen zur Bedingung gemacht wurde, Apost. Gesch. XV, 20. XXI, 25 -) scheint uranfänglich nichts anders, als das Verbot des Jägerlebens gewesen zu seyn; weil in diesem der Fall, das Fleisch roh zu essen, oft eintreten muß, mit dem letzteren also das erstere zugleich verboten wird.

Primeira: cuidou ela que os homens possam viver em todas as partes do mundo;

Segunda: distribuiu-os, por meio da guerra, em todas as regiões, mesmo nas mais inóspitas, para que as povoem e habitem;

Terceira: por meio da própria guerra, obrigou os homens a entrar em relações mútuas mais ou menos legais.

Nas frígidas costas dos mares do Norte cresce o musgo que a rena procura sob a neve, servindo a mesma rena, por sua vez, de alimento e de veículo para os naturais dessas regiões gélidas. Nos desertos de areia vive o camelo, que parece criado expressamente para facilitar a marcha através de intermináveis areais. Tudo isso já de si é maravilhoso. Mas ainda mais claramente refulge o finalismo da natureza, quando se considera que nas costas geladas do Norte vivem animais recobertos de espessas peles e há focas, leões marinhos e baleias, que proporcionam com a sua carne, alimento, e com a sua gordura: o fogo, aos habitantes daquelas paragens. Enfim, as precauções da natureza despertam maior admiração ao se verem as madeiras que, sem que se saiba de onde, o mar conduz àquelas regiões sem flora, e que serve aos habitantes para o fabrico de armas e veículos, além de proporcionar-lhes material para construção de habitações. Ocupados na luta contínua contra os animais, os homens ali vivem em perfeita paz. Foi provavelmente a guerra que os levou a refugiar-se nessas longínquas regiões. O cavalo é o primeiro de todos os animais que o homem conseguiu domesticar e educar para a guerra, desde os tempos em que a terra começou a povoar-se; o elefante é seguramente posterior, pertencendo a uma época em que já há Estados estabelecidos e luxo nos costumes. Por outro lado, a arte de aproveitar certos cereais, cuja primitiva produção já não conhecemos, da mesma forma que a reprodução e melhora das frutíferas, transplantando-as e enxertando-as (talvez na Europa não existiam mais do que duas espécies: a macieira e a pereira), nasceram indubitavelmente numa época bem mais avançada, quando existiam Estados organizados e a propriedade estava garantida. Para isto, teve o homem que sair de seu primitivo estado de liberdade absoluta, sem lei, e variar de gênero de vida, abandonando a caça[24], a pesca e o pastoreio para dedicar-se à agricultura; descobriu o sal e o ferro, que provavelmente foram os artigos mais cobiçados e procurados, organizando-se desse modo um relacionamento comercial entre os diferentes povos, tendo por consequência a manutenção de relações pacíficas entre eles e com outros povos mais distantes.

---

24. De todos os meios de vida é a *caça*, sem dúvida, o mais contrário a uma constituição civil, porque as famílias se isolam, tornando-se estranhas umas às outras, disseminando-se pelas matas e acabando por fazerem-se inimigas, já que cada uma necessita de muita porção de terra para conseguir alimentos e vestuários. À proibição pública de derramar sangue, dirigida a Noé (*Gen.*, IC,4-6), mantida em muitas ocasiões, e que os judeus cristãos punham como condição para admitir aos pagãos na comunidade cristã – se bem que com sentido diverso –, não parece ter sido outra coisa, na sua origem mais do que a proibição de dedicar-se à caça, como modo permanente de vida. Frequentemente ocorria ao caçador a necessidade de comer carne crua; proibir este último recurso, equivale, portanto, a proibir a caça. (N.A.)

Indem die Natur nun dafür gesorgt hat, daß Menschen allerwärts auf Erden leben könnten, so hat sie zugleich auch despotisch gewollt, daß sie allerwärts leben sollten, wenngleich wider ihre Neigung, und selbst ohne daß dieses Sollen zugleich einen Pflichtbegriff voraussetzte, der sie hiezu, vermittelst eines moralischen Gesetzes, verbände, — sondern sie hat, zu diesem ihrem Zweck zu gelangen, den Krieg gewählt. — Wir sehen nämlich Völker, die an der Einheit ihrer Sprache die Einheit ihrer Abstammung kennbar machen, wie die Samojeden am Eismeer einerseits, und ein Volk von ähnlicher Sprache, zweyhundert Meilen davon entfernt, im Altaischen Gebirge andererseits, wozwischen sich ein anderes, nämlich mongalisches, berittenes und hiemit kriegerisches Volk, gedrängt, und so jenen Theil ihres Stammes, weit von diesem, in die unwirthbarsten Eisgegenden, versprengt hat, wo sie gewis nicht aus eigener Neigung sich hin verbreitet hätten *); — eben so die Finnen in der nordlichsten Gegend von Europa, Lappen genannt, von den jetzt eben so weit entfernten, aber der Sprache nach mit ihnen verwandten Ungern, durch dazwischen eingedrungene Gothische und Sarmatische Völker getrennt; und was kann wohl anders die Eskimos (vielleicht uralte europäische Abentheurer, ein von allen Amerikanern ganz unterschiedenes Geschlecht) im Norden, und die Pescheräs, im Süden von Amerika, bis zum Feuerlande hingetrieben haben, als der Krieg, dessen sich die Natur als Mittel bedient, die Erde allerwärts zu bevölkern. Der Krieg aber selbst bedarf keines besondern Bewegungsgrundes, sondern scheint auf die menschliche Natur gepfropft zu seyn, und sogar als etwas Edles, wozu der Mensch durch den Ehrtrieb, ohne eigennützige Triebfedern, beseelt wird, zu gelten: so daß Kriegesmuth (von amerikanischen Wilden sowohl, als den europäischen, in den Ritterzeiten) nicht bloß, wenn Krieg ist (wie billig), sondern auch, d a ß Krieg sey, von unmittelbarem großem Werth zu seyn geurtheilt wird, und er oft, bloß um jenen zu zeigen, angefangen, mithin an dem Kriege an sich selbst eine innere Würde gesetzt wird, sogar daß ihm auch wohl Philosophen, als einer gewissen Veredlung der Menschheit, eine Lobrede halten, uneingedenk des Ausspruchs jenes Griechen: „Der Krieg ist darin schlimm, daß er mehr böse Leute macht, als er deren wegnimmt." — So viel von dem, was die Natur für ihren eigenen Zweck, in Ansehung der Menschengattung als einer Thierklasse, thut.

---

*. Man könnte fragen: Wenn die Natur gewollt hat, diese Eisküsten sollten nicht unbewohnt bleiben, was wird aus ihren Bewohnern, wenn sie ihnen dereinst (wie zu erwarten ist) kein Treibholz mehr zuführete? Denn es ist zu glauben, daß, bey fortrückender Cultur, die Einsassen der temperierten Erdstriche das Holz, was an den Ufern ihrer Ströme wächst, besser benutzen, es nicht in die Ströme fallen, und so in die See wegschwemmen lassen werden. Ich antworte: Die Anwohner des Obstroms, des Jenisey, des Lena u. s. w. werden es ihnen durch Handel zuführen, und dafür die Produkte aus dem Thierreich, woran das Meer an den Eisküsten so reich ist, einhandeln; wenn sie (die Natur) nur allererst den Frieden unter ihnen erzwungen haben wird.

Tendo a natureza providenciado para que os homens "possam" viver em qualquer parte da terra, quis também, com vontade despótica, que efetivamente "devam" viver em todas as partes, mesmo contrariando sua inclinação. Este dever não implica certamente uma obrigação moral; mas a natureza, para conseguir o seu propósito, escolheu um meio: a guerra. Vemos assim que alguns povos têm a mesma língua e, portanto, devem ter também uma origem em comum e, entretanto, vivem separados por grandes extensões de território, como, por exemplo, os samoyedos, que habitam os mares glaciais e, outro povo, de linguagem semelhante, estabelecido nas montanhas de Altaí. Entre ambos, vive um terceiro povo, de raça mongólica, povo que usa ginetes, sendo portanto, guerreiro, que talvez tenha invadido a região e expulsado uma parte dos habitantes antigos para as inóspitas regiões gélidas, para onde, certamente, estes não foram seguindo a própria inclinação[25]. Do mesmo modo os lapões, que vivem nas comarcas mais setentrionais da Europa, têm uma língua bem parecida com a dos húngaros, dos quais foram separados pelos godos e sarmatas invasores. Que motivos, senão a guerra, podem ter determinado os esquimós: raça totalmente diversa das americanas e provavelmente oriunda de um antiquíssimo povo nômade europeu, a estabelecer-se no Norte da América e os pescadores no Sul, até na própria Terra do Fogo? A natureza utiliza a guerra como um meio para povoar inteiramente a terra. A guerra, por sua vez, não necessita de motivos e impulsos especiais, pois parece enxertada na natureza humana, sendo considerada pelo homem como algo nobre, que se anima e entusiasma para a honra, sem necessidade de interesses egoístas que o movam. A coragem guerreira foi tão exaltada pelos selvagens americanos como pelos europeus do tempo da cavalaria andante, como se fosse um valor máximo e imediato, não em tempo de guerra – o que seria desculpável –, mas também nos tempos de paz, como acicate para que houvesse guerra. Muitas guerras se fizeram com o desiderato exclusivo de mostrar esse valor. Chegou-se a dar à própria guerra uma dignidade interior, e até houve filósofos que a encomiaram com uma honra de humanidade, olvidando o ditado daquele grego: "A guerra é má, porque faz mais homens maus do que mata". Basta o que ficou dito sobre o que faz a natureza para conseguir seu próprio fim, considerando a humanidade com uma espécie animal.

---

25. É de se perguntar: se a natureza quis que essas regiões geladas não permanecessem desertas, que será dos que a habitam, quando chegue o dia em que as correntes marinhas não levem mais madeiras àquelas costas? Com efeito, deve ocorrer, que, com o progresso da civilização, os habitantes das regiões temperadas aproveitem a madeira das árvores das margens de seus rios, não as deixando ir arrastadas pela correnteza. Respondo eu: os habitantes das margens de Obi, do Jenissei, do Lena, etc., comerciarão com as suas madeiras a troco dos produtos animais, tão abundantes nas costas dos mares do Norte, desde que a natureza institua entre eles uma paz duradoura. (N.A.)

Jetzt ist die Frage, die das Wesentliche der Absicht auf den ewigen Frieden betrifft: „Was die Natur in dieser Absicht, Beziehungsweise auf den Zweck, den dem Menschen seine eigene Vernunft zur Pflicht macht, mithin zur Begünstigung seiner moralischen Absicht thue, und wie sie die Gewähr leiste, daß dasjenige, was der Mensch nach Freyheitsgesetzen thun sollte, aber nicht thut, dieser Freyheit unbeschadet auch durch einen Zwang der Natur, daß er es thun werde, gesichert sey, und zwar nach allen drey Verhältnissen des öffentlichen Rechts, des Staats-, Völker- und weltbürgerlichen Rechts.“ – Wenn ich von der Natur sage: sie will, daß dieses oder jenes geschehe, so heißt das nicht soviel, als: sie legt uns eine Pflicht auf, es zu thun (denn das kann nur die zwangsfreye praktische Vernunft), sondern sie thut es selbst, wir mögen wollen oder nicht (fata volentem ducunt, nolentem trahunt).

1. Wenn ein Volk auch nicht durch innere Mishelligkeit genöthigt würde, sich unter den Zwang öffentlicher Gesetze zu begeben, so würde es doch der Krieg von außen thun, indem, nach der vorher erwähnten Naturanstalt, ein jedes Volk ein anderes, es drängende Volk zum Nachbar vor sich findet, gegen das es sich innerlich zu einem Staat bilden muß, um, als Macht, gegen diesen gerüstet zu sein. Nun ist die republikanisch e Verfassung die einzige, welche dem Recht der Menschen vollkommen angemessen, aber auch die schwerste zu stiften, vielmehr noch zu erhalten ist, dermaßen, daß viele behaupten, es müsse ein Staat von Engeln seyn, weil Menschen mit ihren selbstsüchtigen Neigungen einer Verfassung von so sublimer Form nicht fähig wären. Aber nun kommt die Natur dem verehrten, aber zur Praxis ohnmächtigen allgemeinen, in der Vernunft gegründeten Willen, und zwar gerade durch jene selbstsüchtige Neigungen, zu Hülfe, so, daß es nur auf eine gute Organisation des Staats ankommt (die allerdings im Vermögen der Menschen ist), jener ihre Kräfte so gegen einander zu richten, daß eine die anderen in ihrer zerstöhrenden Wirkung aufhält, oder diese aufhebt: so daß der Erfolg für die Vernunft so ausfällt, als wenn beyde gar nicht da wären, und so der Mensch, wenn gleich nicht ein moralisch-guter Mensch, dennoch ein guter Bürger zu seyn gezwungen wird. Das Problem der

Trata-se agora de examinar o essencial acerca da questão da paz perpétua. Que faz a natureza para conseguir o fim que a razão humana impõe ao homem como obrigação moral, isto é, que faz para favorecer o seu propósito de moralidade? Que garantias faculta a natureza naquilo que o homem "deveria" fazer, mas não faz, segundo a lei da liberdade, fazendo-o seguramente pela coação da natureza, deixando intacta a liberdade, realizando-o nas três relações do direito público: direito político, direito das gentes e direito cosmopolítico? Quando digo que a natureza "quer" que isto ou aquilo ocorra, não subentendo que a natureza nos impõe a obrigação de fazê-lo (pois tal obrigação só pode partir da razão prática, livre de toda a coação); entendo que o faz a própria natureza, queiramos ou não os homens: *fata volentem ducunt, nolentem trahunt.*

1. Ainda quando um povo não se quisesse submeter ao imperativo das leis públicas, para evitar as discórdias internas, teria que fazê-lo, porque a guerra externa o obrigaria a isso. Todo povo, com efeito, segundo a disposição geral ordenada pela natureza, possui povos vizinhos que o acossam, devendo para defender-se deles organizar-se como potência, isto é, converter-se interiormente em um Estado. A constituição republicana é a única perfeitamente adequada ao direito dos homens; mas é muito difícil de estabelecer, porém mais ainda de conservar, até o ponto de ouvirem-se muitos afirmar que a república é um Estado angélico e que os homens, com suas tendências egoístas são incapazes de viver sob constituição de tão sublime forma. Mas a natureza vem em ajutório da vontade geral, fundamentada na razão, dessa vontade tão honrada e enaltecida na teoria, como incapaz e débil na prática. A ajuda que lhe presta a natureza, consiste precisamente em aproveitar essas tendências egoístas, de sorte que só uma boa organização do Estado dependerá – estando dessa forma sempre na mão do homem – a circunstância de que essas forças de tendências más, choquem-se umas contra as outras, contenham ou detenham mutuamente os seus efeitos destruidores. O resultado para a razão, é o mesmo que se essas tendências não existissem e o homem, ainda que moralmente mau, fica obrigado a ser um bom cidadão. O problema do estabelecimento de um

Staatserrichtung ist, so hart wie es auch klingt, selbst für ein Volk von Teufeln (wenn sie nur Verstand haben), auflösbar und lautet so: „Eine Menge von vernünftigen Wesen, die insgesamt allgemeine Gesetze für ihre Erhaltung verlangen, deren jedes aber in Geheim sich davon auszunehmen geneigt ist, so zu ordnen und ihre Verfassung einzurichten, daß, obgleich sie in ihren Privatgesinnungen einander entgegen streben, diese einander doch so aufhalten, daß in ihrem öffentlichen Verhalten der Erfolg eben derselbe ist, als ob sie keine solche böse Gesinnungen hätten." Ein solches Problem muß auflöslich seyn. Denn es ist nicht die moralische Besserung der Menschen, sondern nur der Mechanism der Natur, von dem die Aufgabe zu wissen verlangt, wie man ihn an Menschen benutzen könne, um den Widerstreit ihrer unfriedlichen Gesinnungen in einem Volk so zu richten, daß sie sich unter Zwangsgesetze zu begeben einander selbst nöthigen, und so den Friedenszustand, in welchem Gesetze Kraft haben, herbeyführen müssen. Man kann dieses auch an den wirklich vorhandenen, noch sehr unvollkommen organisirten Staaten sehen, daß sie sich doch im äußeren Verhalten dem, was die Rechtsidee vorschreibt, schon sehr nähern, ob gleich das Innere der Moralität davon sicherlich nicht die Ursache ist (wie denn auch nicht von dieser die gute Staatsverfassung, sondern vielmehr umgekehrt, von der letzteren allererst die gute moralische Bildung eines Volks zu erwarten ist), mithin der Mechanism der Natur durch selbstsüchtige Neigungen, die natürlicherweise einander auch äußerlich entgegen wirken, von der Vernunft zu einem Mittel gebraucht werden kann, dieser ihrem eigenen Zweck, der rechtlichen Vorschrift, Raum zu machen, und hiemit auch, soviel an dem Staat selbst liegt, den inneren sowohl als äußeren Frieden zu befördern und zu sichern. – Hier heißt es also: Die Natur will unwiderstehlich, daß das Recht zuletzt die Obergewalt erhalte. Was man nun hier verabsäumt zu thun, das macht sich zuletzt selbst, obzwar mit viel Ungemächlichkeit. – „Biegt man das Rohr zu stark, so brichts; und wer zu viel will, der will nichts." Bouterwek.

Estado tem sempre solução, por muito estranho que isso pareça, mesmo quando se trate de um povo endemoniado; basta que possuam inteligência. O problema é o seguinte: "Eis aqui uma multidão de seres racionais que desejam coletivamente leis universais para a sua própria conservação, mesmo quando cada um deles, no seu recôndito, se inclina sempre a iludir a lei. Trata-se de ordenar a vida dos mesmos em constituição, de tal sorte que, ainda que os seus sentimentos íntimos sejam opostos e hostis uns a outros, fiquem refreados, e o resultado publico da conduta desses seres seja exatamente idêntico ao que ocorreria se não tivessem maus instintos". Este problema deve ter solução. Não se trata da melhora moral do homem mais sim do mecanismo da natureza, e o problema é averiguar como se deve utilizar esse mecanismo natural no homem, a fim de dispor as suas inclinações contrárias e hostis de tal modo que todos os indivíduos se sintam obrigados pela força a submeter-se às leis e tenham que viver imperiosamente em relações pacíficas, obedecendo às leis.

Pode-se observar tudo isto nos atuais Estados, ainda imperfeitamente organizados; os homens se aproximam, na sua conduta externa, ao prescrito, pela ideia do direito e, contudo, não é certamente a moralidade a causa dessa conduta, do mesmo modo que amoralidade interior não é seguramente a que há de produzir uma boa constituição, sendo esta talvez a que melhor poderá contribuir para a educação moral de um povo. O mecanismo da natureza, as inclinações egoístas que naturalmente se opõem uma às outras, hostilizando-se exteriormente, são o meio de que pode valer-se a razão para conseguir o seu próprio fim, o preceito jurídico[26] e, portanto, para fomentar e garantir a paz interna e externa. Isto significa que a natureza quer a todo transe que o direito conserve a supremacia. O que neste ponto não faz o homem, a Natureza fará, porém à custa de dolorosas tribulações e desapontamentos. "Recurvai demasiadamente a vara e ela se romperá; quem muito quer, nada quer" (Bouterwek).

---

26. Observe-se: o contrato originário kantiano não constitui mero pacto de associação, vez que não se trata de um povo pactuando com seu governante. De fato há a busca de suprimir as noções de deveres e obrigações supostas na lógica do contrato – o contrato originário não pode sucumbir a dúvidas ou tergiversações: é imposto pela própria Natureza. O contrato fundante não é um *factum*, mas leva todo legislador a promulgar suas leis como advenientes da vontade de um povo. O fundamento do estado difere de sua origem, esta é histórica, a fundamentação do estado de pertence ao noumenal, ao plano eidético e implicita que a revolução seja inadmissível e a constituição que, se exitosa, elaborada deva ser cumprida como se legitimamente fosse estabelecida, a fim de encerrar o conflito.

2. *Die Idee des Völkerrechts setzt die Absonderung vieler von einander unabhängiger benachbarter Staaten voraus, und, obgleich ein solcher Zustand an sich schon ein Zustand des Krieges ist (wenn nicht eine föderative Vereinigung derselben dem Ausbruch der Feindseligkeiten vorbeugt); so ist doch selbst dieser, nach der Vernunftidee, besser als die Zusammenschmelzung derselben, durch eine die andere überwachsende, und in eine Universalmonarchie übergehende Macht; weil die Gesetze mit dem vergrößten Umfange der Regierung immer mehr an ihrem Nachdruck einbüßen, und ein seelenloser Despotism, nachdem er die Keime des Guten ausgerottet hat, zuletzt doch in Anarchie verfällt. Indessen ist dieses doch das Verlangen jedes Staats (oder seines Oberhaupts), auf diese Art sich in den dauernden Friedenszustand zu versetzen, daß er, wo möglich, die ganze Welt beherrscht. Aber die Natur will es anders. – Sie bedient sich zweyer Mittel, um Völker von der Vermischung abzuhalten und sie abzusondern, der Verschiedenheit der Sprachen und der Religionen*), die zwar den Hang zum wechselseitigen Hasse, und Vorwand zum Kriege bey sich führt, aber doch bey anwachsender Cultur und der allmähligen Annäherung der Menschen, zu größerer Einstimmung in Principien, zum Einverständnisse in einem Frieden leitet, der nicht, wie jener Despotism (auf dem Kirchhofe der Freyheit), durch Schwächung aller Kräfte, sondern durch ihr Gleichgewicht, im lebhaftesten Wetteifer derselben, hervorgebracht und gesichert wird.*

---

*. *Verschiedenheit der Religionen: ein wunderlicher Ausdruck! gerade, als ob man auch von verschiedenen Moralen spräche. Es kann wohl verschiedene Glaubensarten historischer, nicht in die Religion, sondern in die Geschichte der zu ihrer Beförderung gebrauchten, ins Feld der Gelehrsamkeit einschlagender Mittel und ebenso verschiedene Religionsbücher (Zendavesta, Vedam, Koram u. s. w.) geben, aber nur eine einzige, für alle Menschen und in allen Zeiten gültige Religion. Jene also können wohl nichts anders als nur das Vehikel der Religion, was zufällig ist, und nach Verschiedenheit der Zeiten und Oerter verschieden seyn kann, enthalten.*

2. A ideia do direito das gentes pressupõe a separação de numerosos Estados vizinhos, independentes uns dos outros. Esta situação é por si mesma bélica, a não ser que haja entre as nações uma união federativa que impeça a ruptura das hostilidades. Contudo, esta divisão em estados independentes é mais conforme à ideia de razão do que a anexação de todos por uma potência vencedora, que se converta em monarquia universal. Com efeito, as leis perdem eficácia quando o governo se distende a territórios mais amplos; e o despotismo sem alma aniquila primeiramente todos os germes do bem e acaba com a anarquia. Todavia, é o desejo de todo Estado, ou de seu príncipe, conseguir a paz perpétua, conquistando o mundo inteiro. Mas a natureza "quer" outra coisa. Serve-se de dois meios para evitar a confusão dos povos e mantê-los separados: a diferença dos idiomas e das religiões[27]. Estas diferenças encerram sempre no seu seio um germe de ódio e um pretexto para guerras; mas com o aumento da cultura e com a aproximação progressiva dos homens, unidos por princípios comuns, inclinam-se a entendimentos pacifistas, que não se fundamentam e afirmam, como o despotismo, no cemitério da liberdade e no aniquilamento das energias mas num equilíbrio das forças ativas, lutando em leal peleja.

---

27. Diferença de religião: que estranha expressão! É como se falássemos de diferentes morais. Pode haver diferentes espécies de crenças, não na religião, mas sim na história dos meios empregados para fomentar a religião, pertencentes ao campo da erudição; pode haver diferentes livros de religião – Zend Avesta, Vedas, Alcorão etc.; mas não pode haver mais do que uma única religião, verdadeira para todos os homens e todos os povos. As crenças especiais são somente veículos da religião, contingentes diversos, segundo os tempos e os lugares. (N.A.)

3. *So wie die Natur weislich die Völker trennt, welche der Wille jedes Staats, und zwar selbst nach Gründen des Völkerrechts, gern unter sich durch List oder Gewalt vereinigen möchte; so vereinigt sie auch andererseits Völker, die der Begriff des Weltbürgerrechts gegen Gewaltthätigkeit und Krieg nicht würde gesichert haben, durch den wechselseitigen Eigennutz. Es ist der Handelsgeist, der mit dem Kriege nicht zusammen bestehen kann, und der früher oder später sich jedes Volks bemächtigt. Weil nämlich unter allen, der Staatsmacht untergeordneten, Mächten (Mitteln), die Geldmacht wohl die zuverläßigste seyn möchte, so sehen sich Staaten (freylich wohl nicht eben durch Triebfedern der Moralität) gedrungen, den edlen Frieden zu befördern, und, wo auch immer in der Welt Krieg auszubrechen droht, ihn durch Vermittelungen abzuwehren, gleich als ob sie deshalb im beständigen Bündnisse ständen; denn große Vereinigungen zum Kriege können, der Natur der Sache nach, sich nur höchst selten zutragen, und noch seltener glücken. – Auf die Art garantirt die Natur, durch den Mechanism in den menschlichen Neigungen selbst, den ewigen Frieden; freylich mit einer Sicherheit, die nicht hinreichend ist, die Zukunft desselben (theoretisch) zu weissagen, aber doch in praktischer Absicht zulangt, und es zur Pflicht macht, zu diesem (nicht bloß schimärischen) Zwecke hinzuarbeiten.*

3. Assim como a natureza separou tão sabiamente os povos, que a vontade de cada Estado, fundamentando-se no direito das gentes, desejou unir debaixo do seu domínio pela força ou pela astúcia, conseguindo-o, assim também a mesma natureza reúne os povos mais variados. O conceito do direito mundial de cidadania, não os protege contra a opressão e a guerra, apodera-se cedo ou tarde dos povos. De todos os poderes subordinados à força do Estado, é o poder do dinheiro o que inspira mais confiança, e por isso os Estados se vêm obrigados – não certamente por motivos morais – a fomentar a paz, e quando a guerra está na iminência de ameaçar o mundo, procuram evitá-la com ajustes e arranjos, como se estivessem em constante aliança para esse fim pacífico. As grandes federações dos Estados formadas expressamente para a guerra, nem podem durar muito, por sua própria natureza, nem, menos ainda, têm êxito favorável. Desse modo, a natureza garante a paz perpétua, utilizando em seu proveito o mecanismo das inclinações humanas. Imediatamente, resulta que essa garantia não é suficiente para poder vaticinar com segurança teórica o futuro; mas no sentido prático, moral, é suficiente para obrigar-nos a trabalhar coletivamente para conseguir esse fim, que não é mera ilusão.

Zweiter Zusatz

Geheimer Artikel zum ewigen Frieden

*E*in geheimer Artikel in Verhandlungen des öffentlichen Rechts ist objektiv, *d.i. seinem Inhalte nach betrachtet*, ein Widerspruch; subjektiv aber, nach der Qualität der Person beurteilt, die ihn diktiert, kann gar wohl darin ein Geheimnis statt haben, daß sie es nämlich für ihre Würde bedenklich findet, sich öffentlich als Urheberin desselben anzukündigen.

Der einzige Artikel dieser Art ist in dem Satze enthalten: Die Maximen der Philosophen über die Bedingungen der Möglichkeit des öffentlichen Friedens sollen von den zum Kriege gerüsteten Staaten zu Rate gezogen werden.

Es scheint aber für die gesetzgebende Autorität eines Staats, dem man natürlicherweise die größte Weisheit beilegen muß, verkleinerlich zu sein, über die Grundsätze seines Verhaltens gegen andere Staaten bei Untertanen *(den Philosophen) Belehrung zu suchen; gleichwohl aber sehr ratsam, es zu tun. Also wird der Staat die letztere* stillschweigend *(also, indem er ein Geheimnis daraus macht)* dazu auffordern, *welches soviel heißt, als: er wird sie frei und öffentlich über die allgemeine Maximen der Kriegsführung und Friedensstiftung* reden lassen *(denn das werden sie schon von selbst tun, wenn man es ihnen nur nicht verbietet) und die Übereinkunft der Staaten unter einander über diesen Punkt bedarf auch keiner besonderen Verabredung der Staaten unter sich in dieser Absicht, sondern liegt schon in der Verpflichtung durch allgemeine (moralische gesetzgebende) Menschenvernunft. – Es ist aber hiemit nicht gemeint: daß der Staat den Grundsätzen des Philosophen vor den Aussprüchen des Juristen (des Stellvertreters der Staatsmacht) den Vorzug einräumen müsse, sondern nur, daß man ihn* höre. *Der letztere, der die* Waage *des Rechts und, neben bei auch das* Schwert *der Gerechtigkeit sich zum Symbol gemacht hat, bedient sich gemeiniglich des letzteren, nicht von etwa bloß alle fremde Einflüsse von dem ersteren abzuhalten, sondern, wenn die eine Schale nicht sinken will, das Schwert mit hinein zu legen (vae victis),*

Suplemento Segundo

Artigo Secreto para a Paz Perpétua

Um artigo secreto nas negociações relativas do direito público, objetivamente, equivale no seu conteúdo, a uma contradição; mas subjetivamente, julgado quanto à qualidade da pessoa que o dita, pode admitir-se, pois é intuitivo pensar que essa pessoa não julga conveniente para a sua dignidade manifestar-se publicamente autora do citado artigo.

O único artigo desta espécie está incluso na seguinte proposição: "As máximas dos filósofos sobre as condições da possibilidade da paz pública, deveriam ser tidas em conta e estudadas pelos Estados passíveis de guerra".

Para a autoridade legisladora de um Estado, na qual naturalmente se deve supor a mais profunda sabedoria, parece deprimente ter que buscar ensinamentos em alguns dos seus súditos (os filósofos) antes de decidir os princípios segundo os quais determinará a sua conduta diante de outros Estados. Contudo, seria conveniente que assim procedesse. O Estado, dessa forma, inquirirá tacitamente, em segredo, aos filósofos, o que significa que os deixará expressar-se livre e publicamente sobre as máximas gerais da guerra e da paz.

Os filósofos falarão espontaneamente, caso não sejam proibidos de assim proceder. Sobre este ponto os Estados não precisam, necessariamente, pôr-se previamente de acordo; todos coincidirão, porque esta coincidência já reside na própria obrigação que nos impõe a razão moral legisladora. Não quero dizer que o Estado deva dar preferência aos princípios do filósofo, sobre as sentenças do jurista (representante da potestade pública), mas somente que deve ouvi-la. O jurisconsulto que escolheu como símbolo a balança do direito e a espada da justiça, costuma usar a espada, não só para afastar da balança todo influxo estranho que possa perturbar seu equilíbrio, mas às vezes também para deitá-la em um dos seus pratos: *vae victis*.

wozu der Jurist, der nicht zugleich (auch der Moralität nach) Philosoph ist, die größte Versuchung hat, weil es seines Amts nur ist, vorhandene Gesetze anzuwenden, nicht aber, ob diese selbst nicht einer Verbesserung bedürfen, zu untersuchen, und rechnet diesen in der Tat niedrigeren Rang seiner Fakultät, darum weil er mit Macht begleitet ist (wie es auch mit den beiden anderen der Fall ist), zu den höheren. – Die philosophische steht unter dieser verbündeten Gewalt auf einer sehr niedrigen Stufe. So heißt es z.B. von der Philosophie, sie sei die Magd *der Theologie (und eben so lautet es von den zwei anderen). – Man sieht aber nicht recht, „ob sie ihrer gnädigen Frauen die Fackel vorträgt oder die Schleppe nachträgt".*

Daß Könige philosophieren, oder Philosophen Könige würden, ist nicht zu erwarten, aber auch nicht zu wünschen; weil der Besitz der Gewalt das freie Urteil der Vernunft unvermeidlich verdirbt. Daß aber Könige oder königliche (sich selbst nach Gleichheitsgesetzen beherrschende) Völker die Klasse der Philosophen nicht schwinden oder verstummen, sondern öffentlich sprechen lassen, ist beiden zu Beleuchtung ihres Geschäfts unentbehrlich und, weil diese Klasse ihrer Natur nach der Rottierung und Klubbenverbündung unfähig ist, wegen der Nachrede einer Propagande *verdachtlos.*

O jurista, que não é ao mesmo tempo filósofo – nem mesmo quanto à moralidade –, sente uma irresistível inclinação bem própria do seu ofício em aplicar as leis vigentes, sem entretanto investigar se estas leis não seriam por acaso suscetíveis de algum aperfeiçoamento; e esta situação realmente inferior de sua faculdade se acompanha da força, julga-a como superior. A faculdade de filosofar está bem abaixo das forças conglobadas das outras. Diz-se, por exemplo, a filosofia que é a serva da teologia – e o mesmo das outras duas –. Contudo não se esclarece bem se seu serviço consiste "em preceder a sua senhora, levando o archote, ou em segui-la, levantando-lhe a cauda da saia".

Não se espera que os reis se tornem filósofos, nem que os filósofos sejam reis. Tampouco, não se deve desejá-lo; a posse da força prejudica inevitavelmente o livre exercício da razão. Mas se os reis ou os povos príncipes – povos que se regem por leis de igualdade –, não permitem que a classe dos filósofos desapareça ou emudeça; se os deixam falar publicamente, conseguirão no estudo dos seus problemas certos esclarecimentos e precisões dos quais não se pode prescindir. Os filósofos são por natureza inadaptáveis a trampolinagens e propagandas de salão; não são, portanto, suspeitos de proselitismo.

ANHANG

I.
Ueber die Mishelligkeit zwischen der Moral und der Politik, in Absicht auf den ewigen Frieden.

Die Moral ist schon an sich selbst eine Praxis in objectiver Bedeutung, als Inbegriff von unbedingt gebietenden Gesetzen, nach denen wir handeln sollen, und es ist offenbare Ungereimtheit, nachdem man diesem Pflichtbegriff seine Autorität zugestanden hat, noch sagen zu wollen, daß man es doch nicht könne. Denn alsdann fällt dieser Begriff aus der Moral von selbst weg (ultra posse nemo obligatur); mithin kann es keinen Streit der Politik, als ausübender Rechtslehre, mit der Moral, als einer solchen, aber theoretischen (mithin keinen Streit der Praxis mit der Theorie) geben: man müßte denn unter der letzteren eine allgemeine Klugheitslehre, d. i. eine Theorie der Maximen verstehen, zu seinen auf Vortheil berechneten Absichten die tauglichsten Mittel zu wählen, d.i. läugnen, daß es überhaupt eine Moral gebe.

Die Politik sagt: „Seyd klug wie die Schlangen;" die Moral setzt (als einschränkende Bedingung) hinzu: „und ohne Falsch wie die Tauben." Wenn beydes nicht in einem Gebote zusammen bestehen kann, so ist wirklich ein Streit der Politik mit der Moral; soll aber doch durchaus beydes vereinigt seyn, so ist der Begriff vom Gegentheil absurd, und die Frage, wie jener Streit auszugleichen sey, läßt sich gar nicht einmal als Aufgabe hinstellen. Obgleich der Satz: Ehrlichkeit ist die beste Politik, eine Theorie enthält, der die Praxis, leider! sehr häufig widerspricht: so ist doch der gleichfalls theoretische: Ehrlichkeit ist besser denn alle Politik, über allen Einwurf unendlich erhaben, ja die unumgängliche Bedingung der letzteren.

APENSO

I.
Acerca do desacordo entre a moral e a política em relação à paz perpétua

A moral, em sentido objetivo, é uma ciência prática: é o conjunto das leis incondicionalmente obrigatórias, segundo as quais "devemos" agir. Tendo, pois, concedido ao conceito do dever a sua plena autoridade, resulta manifestamente absurdo proclamar logo que não se "pode" fazer o que eles ordenam. Com efeito; o conceito do dever viria abaixo por si mesmo, desde que ninguém está obrigado ao impossível: *ultra posse nemo obligatur*. Não pode haver, portanto, disputa entre a política, como aplicação da doutrina do direito, e a moral, que é a teoria dessa doutrina; não pode haver controvérsia entre a prática e a teoria. A não ser que se entenda por moral uma doutrina feral da prudência, isto é, uma teoria das máximas convenientes para discernir os meios mais adequados à realização de seus propósitos almejados por cada um; e isto equivaleria a negar toda moral.

A política proclama: "Sede astutos como a serpente". A moral acrescenta esta condição limitativa: "e cândidos, como a inocente pomba". Se ambos estes conselhos não pudessem entrar no mesmo preceito, existiria realmente uma oposição entre a política e a moral; mas se ambos devem estar absolutamente unidos, será absurdo o conceito da oposição; e a questão de como se deve resolver o conflito não poderá sequer ser cogitada como problema. A proposição seguinte: "A melhor política é a honradez", encerra uma teoria mil vezes (ah!) contraditada pela prática. Mas esta proposição seguinte, igualmente teórica: "A honradez vale mais do que toda política", está infinitamente acima de qualquer objeção, sendo ainda a condição iniludível daquela.

Der Grenzgott der Moral weicht nicht dem Jupiter (dem Grenzgott der Gewalt); denn dieser steht noch unter dem Schicksal, d. i. die Vernunft ist nicht erleuchtet genug, die Reihe der vorherbestimmenden Ursachen zu übersehen, die den glücklichen oder schlimmen Erfolg aus dem Thun und Lassen der Menschen, nach dem Mechanism der Natur, mit Sicherheit vorher verkündigen (obgleich ihn dem Wunsche gemäß hoffen) lassen. Was man aber zu thun habe, um im Gleise der Pflicht (nach Regeln der Weisheit) zu bleiben, dazu und hiemit zum Endzweck leuchtet sie uns überall hell genug vor.

Nun gründet aber der Praktiker (dem die Moral bloße Theorie ist) seine trostlose Absprechung unserer gutmüthigen Hoffnung (selbst bey eingeräumtem Sollen und Können) eigentlich darauf: daß er aus der Natur des Menschen vorherzusehen vorgibt, er werde dasjenige nie wollen, was erfordert wird, um jenen zum ewigen Frieden hinführenden Zweck zu Stande zu bringen. – Freylich ist das Wollen aller einzelnen Menschen, in einer gesetzlichen Verfassung nach Freyheitsprinzipien zu leben (die distributive Einheit des Willens Aller), zu diesem Zweck nicht hinreichend, sondern daß Alle zusammen diesen Zustand wollen (die collektive Einheit des vereinigten Willens), diese Auflösung einer schweren Aufgabe, wird noch dazu erfordert, damit ein Ganzes der bürgerlichen Gesellschaft werde, und, da also über diese Verschiedenheit des particularen Wollens Aller, noch eine vereinigende Ursache desselben hinzukommen muß, um einen gemeinschaftlichen Willen herauszubringen, welches Keiner von Allen vermag: so ist in der Ausführung jener Idee (in der Praxis) auf keinen andern Anfang des rechtlichen Zustandes zu rechnen, als den durch Gewalt, auf deren Zwang nachher das öffentliche Recht gegründet wird; welches dann freylich (da man ohnedem des Gesetzgebers moralische Gesinnung hiebey wenig in Anschlag bringen kann, er werde, nach geschehener Vereinigung der wüsten Menge in ein Volk, diesem es nur überlassen, eine rechtliche Verfassung durch ihren gemeinsamen Willen zustande zu bringen) große Abweichungen von jener Idee (der Theorie) in der wirklichen Erfahrung schon zum voraus erwarten läßt.

A divindade tutelar da moral não se inclina diante de Júpiter, deus da força. Júpiter se acha submetido ao Destino, o que equivale dizer que a razão não possui a suficiente penetração para conhecer a série das causas antecedentes e determinantes, que poderiam permitir uma segura previsão do êxito favorável ou adverso, que deve ultimar as ações ou omissões dos homens segundo o mecanismo da natureza. Pode a razão esperar e almejar obter esse conhecimento completo; porém não o consegue. Por outro lado, o que se deve fazer para manter-se na linha reta do dever, sob as regras da sabedoria, a razão conhece perfeitamente, dizendo-o bem claro e mantendo-o como fim último da vida.

Ainda bem; o prático, para quem a moral é mera teoria, arrebata-nos cruelmente a consoladora esperança que nos anima, sem prejuízo de convir que deve e ainda pode se realizar. Baseia-se ele na afirmação de que a natureza humana é tal que jamais o homem "quererá" dispor dos meios precisos para conseguir o propósito da paz perpétua. Não é suficiente para ele, com efeito, que a vontade individual de todos os homens seja favorável a uma constituição legal, segundo os princípios da liberdade; não basta a unidade "distributiva" da vontade de todos. Faz falta ainda, para resolver tão difícil problema, a unidade "coletiva" da vontade geral; faz também falta que todos juntos desejem esse estado, para que se institua uma unidade total da sociedade civil. Portanto, sobre as diferentes vontades particulares de todos, é necessário, além disso, uma causa que as una para constituir a vontade geral, e essa causa unitária não pode ser nenhuma das vontades particulares. Resulta que, na realização dessa ideia (na prática), o estado legal há de se começar pela violência, sobre cuja coação se funda depois do direito público. Além disso, não é possível contar com a consciência moral do legislador e crer que este, depois de haver reunido em um povo a multidão selvagem, vá deixar-lhe o cuidado de instituir uma constituição jurídica de conformidade com a vontade comum. Tudo isto nos permite vaticinar com segurança que, entre a ideia ou teoria e a realidade ou experiência, haverá notáveis diferenças.

Da heißt es dann: wer einmal die Gewalt in Händen hat, wird sich vom Volk nicht Gesetze vorschreiben lassen. Ein Staat, der einmal im Besitz ist, unter keinen äußeren Gesetzen zu stehen, wird sich in Ansehung der Art, wie er gegen andere Staaten sein Recht suchen soll, nicht von ihrem Richterstuhl abhängig machen, und selbst ein Welttheil, wenn er sich einem andern, der ihm übrigens nicht im Wege ist, überlegen fühlt, wird das Mittel der Verstärkung seiner Macht, durch Beraubung oder gar Beherrschung desselben, nicht unbenutzt lassen; und so zerrinnen nun alle Plane der Theorie, für das Staats-, Völker- und Weltbürgerrecht, in sachleere unausführbare Ideale, dagegen eine Praxis, die auf empirische Principien der menschlichen Natur gegründet ist, welche es nicht für zu niedrig hält, aus der Art, wie es in der Welt zugeht, Belehrung für ihre Maximen zu ziehen, einen sicheren Grund für ihr Gebäude der Staatsklugheit zu finden allein hoffen könne.

Freylich, wenn es keine Freyheit und darauf gegründetes moralisches Gesetz giebt, sondern alles, was geschieht oder geschehen kann, bloßer Mechanism der Natur ist, so ist Politik (als Kunst, diesen zur Regierung der Menschen zu benutzen) die ganze praktische Weisheit, und der Rechtsbegriff ein sachleerer Gedanke. Findet man diesen aber doch unumgänglich nöthig, mit der Politik zu verbinden, ja ihn gar zur einschränkenden Bedingung der letztern zu erheben, so muß die Vereinbarkeit beyder eingeräumt werden. Ich kann mir nun zwar einen moralischen Politiker, d. i. einen, der die Principien der Staatsklugheit so nimmt, daß sie mit der Moral zusammen bestehen können, aber nicht einen politischen Moralisten denken, der sich eine Moral so schmiedet, wie es der Vortheil des Staatsmanns sich zuträglich findet.

Porém, o homem prático prossegue, dizendo: aquele que em suas mãos deter o poder permitirá que o povo lhe imponha leis. Um Estado, que chegou a estabelecer-se independentemente de toda lei exterior, não se submeterá a nenhum juiz alheio, quando se trate de definir o seu direito diante dos demais Estados. Se uma parte do mundo se sente mais poderosa que outra, mesmo que esta não lhe for inimiga nem oponha qualquer obstáculo à sua vida, a primeira não deixará de robustecer o seu poderio à custa da segunda, dominando-a ou espoliando-a. Todos os planos que a teoria invente para instituir um direito político, de gentes ou de cidadania mundial, se evaporam em ideais vazios. Por outro lado, a prática, fundamentada nos princípios empíricos da natureza humana, não se sente rebaixada nem humilhada se busca ensinamentos para os seus objetivos no estudo do que ocorre no mundo; só assim se pode chegar a distender os sólidos alicerces da prudência política.

Disso resulta que se não há liberdade, nem lei moral assente na liberdade; se tudo o que acontece e pode ocorrer é simples mecanismo natural, então a política – arte de utilizar esse mecanismo como meio de governar os homens – é a única sabedoria prática, sendo o conceito do direito uma cogitação limitativa da política, será necessário então admitir a existência de uma harmonia possível entre ambas essas esferas. Pois bem: eu concebo um político moral; mas não concebo um moralista político, isto é, um que forje para si moral *ad-hoc*, moral essa favorável às conveniências do homem do Estado.

Der moralische Politiker wird es sich zum Grundsatz machen: wenn einmal Gebrechen in der Staatsverfassung oder im Staatenverhältnis angetroffen werden, die man nicht hat verhüten können, so sey es Pflicht, vornehmlich für Staatsoberhäupter, dahin bedacht zu seyn, wie sie, sobald wie möglich, gebessert, und dem Naturrecht, so wie es in der Idee der Vernunft uns zum Muster vor Augen steht, angemessen gemacht werden könne: sollte es auch ihrer Selbstsucht Aufopferungen kosten. Da nun die Zerreißung eines Bandes der Staats- oder Weltbürgerlichen Vereinigung, ehe noch eine bessere Verfassung an die Stelle derselben zu treten in Bereitschaft ist, aller, hierin mit der Moral einhelligen, Staatsklugheit zuwider ist, so wäre es zwar ungereimt, zu fordern, jenes Gebrechen müsse sofort und mit Ungestüm abgeändert werden; aber daß wenigstens die Maxime der Notwendigkeit einer solchen Abänderung dem Machthabenden innigst beywohne, um in beständiger Annäherung zu dem Zwecke (der nach Rechtsgesetzen besten Verfassung) zu bleiben, das kann doch von ihm gefordert werden. Ein Staat kann sich auch schon republikanisch regieren, wenn er gleich noch, der vorliegenden Constitution nach, despotische Herrschermacht besitzt: bis allmählig das Volk des Einflusses der bloßen Idee der Autorität des Gesetzes (gleich als ob es physische Gewalt besäße) fähig wird, und sonach zur eigenen Gesetzgebung (welche ursprünglich auf Recht gegründet ist) tüchtig befunden wird. Wenn auch durch den Ungestüm einer von der schlechten Verfassung erzeugten Revolution unrechtmäßigerweise eine gesetzmäßigere errungen wäre, so würde es doch auch alsdann nicht mehr für erlaubt gehalten werden müssen, das Volk wieder auf die alte zurück zu führen, obgleich während derselben jeder, der sich damit gewaltthätig oder arglistig bemengt, mit Recht den Strafen des Aufrührers unterworfen seyn würde. Was aber das äußere Staatenverhältnis betrifft, so kann von einem Staat nicht verlangt werden, daß er seine, obgleich despotische Verfassung (die aber doch die stärkere in Beziehung auf äußere Feinde ist) ablegen solle, solange er Gefahr läuft, von andern Staaten so fort verschlungen zu werden; mithin muß bey jenem Vorsatz doch auch die Verzögerung der Ausführung bis zu besserer Zeitgelegenheit erlaubt seyn*).

---

*. Dies sind Erlaubnisgesetze der Vernunft, den Stand eines mit Ungerechtigkeit behafteten öffentlichen Rechts noch so lange beharren zu lassen, bis zur völligen Umwälzung alles entweder von selbst gereift, oder durch friedliche Mittel der Reife nahe gebracht worden; weil doch irgend eine rechtliche, obzwar nur in geringem Grade rechtmäßige, Verfassung besser ist als gar keine, welches letztere Schicksal (der Anarchie) eine übereilte Reform treffen würde. Die Staatsweisheit wird sich also in dem Zustande, worin die Dinge jetzt sind, Reformen, dem Ideal des öffentlichen Rechts angemessen, zur Pflicht machen: Revolutionen aber, wo sie die Natur von selbst herbey führt, nicht zur Beschönigung einer noch größeren Unterdrückung, sondern als Ruf der Natur benutzen, eine auf Freyheitsprincipien gegründete gesetzliche Verfassung, als die einzige dauerhafte, durch gründliche Reform zu Stande zu bringen.

Eis aqui a máxima fundamental que deverá seguir o político moral: Se na constituição do Estado ou nas relações entre Estados, existem vícios que se não puderam evitar, é um dever, principalmente para os governantes, estar atentos em remediá-los o mais breve possível, conformando-se ao direito natural, tal como a ideia da razão o apresenta; o político deverá fazer isso, mesmo sacrificando o seu egoísmo. Romper os laços políticos que consagram a união de um Estado ou da Humanidade antes de ter preparado uma constituição moral, para substituí-la à anterior, seria proceder contra toda prudência política, que neste caso concorda com a moral. Mas é preciso que os governantes tenham, pelo menos sempre presente, a máxima que justifica e torna necessária a referida alteração: o Governo deverá acercar-se pouco a pouco, o mais que possa de seu fim último, que é a melhor constituição, segundo as leis jurídicas. Isto pode e deve ser exigido da política. Um Estado pode reger-se como república, mesmo quando a constituição vigente continue sendo despótica, até que pouco a pouco o povo chegue a ser capaz de sentir a influência da ideia da autoridade legal – como se esta tivesse força física e seja apto para legislar a si mesmo, fundamentando as suas leis na ideia do direito. Se um movimento revolucionário, provocado por uma constituição péssima, consegue instaurar ilegalmente outra mais de acordo com o direito, já não poderá ser permitido a quem quer que seja reconduzir o povo à observância da constituição anterior; naturalmente, enquanto a primeira estava em vigência, era legítimo aplicar aos que, por violência ou por astúcia, perturbavam a ordem, as penalidades impostas aos rebeldes. No que se refere à relação com outras nações, não se pode pedir a um Estado que abandone a sua constituição, mesmo que seja despótica (a qual, sem dúvida, é a mais forte para adotar contra inimigos exteriores), enquanto seja ameaçado pelo perigo de ser conquistado por outros Estados. Assim, fica permitida, em certos casos, a protelação das reformas para ocasião mais propícia.[28]

---

28. A razão autoriza à conservação do direito público, mesmo quando seja viciado pela injustiça, desde que o povo esteja suficientemente preparado para a reforma ou pelo menos tenha sido inclinado à sua aceitação por meios pacíficos. Uma constituição legal, se bem não seja conforme a justiça, vale mais do que a falta de constituição; a anarquia é o perigo a que se expõem as reformas precipitadas. A prudência política, no atual estado das coisas, deverá considerar como uma obrigação moral levar a cabo reformas concordes com o ideal do direito público. As revoluções, onde quer que a Natureza as provoque, não deverão ser usadas como um pretexto para tornar mais dura a opressão; considere-as o governante como um grito da natureza e obedeça-o, procurando, por meio de reformas profundas, instaurar a única constituição legal, a que se fundamenta em princípios de liberdade. (N.A.)

Es mag also immer seyn: daß die despotisirenden (in der Ausübung fehlenden) Moralisten wider die Staatsklugheit (durch übereilt genommene oder angepriesene Maaßregeln) mannichfaltig verstoßen, so muß sie doch die Erfahrung, bey diesem ihrem Verstoß wider die Natur, nach und nach in ein besseres Gleis bringen; statt dessen die moralisierenden Politiker, durch Beschönigung rechtswidriger Staatsprincipien, unter dem Vorwande einer des Guten, nach der Idee, wie sie die Vernunft vorschreibt, nicht fähigen menschlichen Natur, so viel an ihnen ist, das Besserwerden unmöglich machen, und die Rechtsverletzung verewigen.

Statt der Praxis, deren sich diese staatsklugen Männer rühmen, gehen sie mit Praktiken um, indem sie bloß darauf bedacht sind, dadurch, daß sie der jetzt herrschenden Gewalt zum Munde reden (um ihren Privatvorteil nicht zu verfehlen), das Volk, und, wo möglich, die ganze Welt preiszugeben; nach der Art ächter Juristen (vom Handwerke, nicht von der Gesetzgebung), wenn sie sich bis zur Politik versteigen. Denn da dieser ihr Geschäfte nicht ist, über Gesetzgebung selbst zu vernünfteln, sondern die gegenwärtige Gebote des Landrechts zu vollziehen, so muß ihnen jede, jetzt vorhandene, gesetzliche Verfassung, und, wenn diese höhern Orts abgeändert wird, die nun folgende, immer die beste seyn; wo dann alles so in seiner gehörigen mechanischen Ordnung ist. Wenn aber diese Geschicklichkeit, für alle Sättel gerecht zu seyn, ihnen den Wahn einflößt, auch über Principien einer Staatsverfassung überhaupt nach Rechtsbegriffen (mithin a priori, nicht empirisch) urtheilen zu können: wenn sie darauf groß thun, Menschen zu kennen (welches freylich zu erwarten ist, weil sie mit vielen zu thun haben), ohne doch den Menschen, und was aus ihm gemacht werden kann, zu kennen (wozu ein höherer Standpunkt der Anthropologischen Beobachtung erfordert wird), mit diesen Begriffen aber versehen, ans Staats- und Völkerrecht, wie es die Vernunft vorschreibt, gehen: so können sie diesen Überschritt nicht anders, als mit dem Geist der Chicane thun, indem sie ihr gewohntes Verfahren (eines Mechanisms nach despotisch gegebenen Zwangsgesetzen) auch da befolgen, wo die Begriffe der Vernunft einen nur nach Freyheitsprincipien gesetzmäßigen Zwang begründet wissen wollen, durch welchen allererst eine zu Recht beständige Staatsverfassung möglich ist; welche Aufgabe der vorgebliche Praktiker, mit Vorbeygehung jener Idee, empirisch, aus Erfahrung, wie die bisher noch am besten bestandene, mehrentheils aber rechtswidrige, Staatsverfassungen eingerichtet waren, lösen zu können glaubt. – Die Maximen, deren er sich hiezu bedient (ob er sie zwar nicht laut werden läßt), laufen ohngefähr auf folgende sophistische Maximen hinaus.

Os moralistas, que, ao realizar os seus ideais, se equivocam, tornando-se déspotas, talvez venha a cometer numerosos pecados contra a prudência política, adotando ou defendendo medidas de governo precipitadas; a experiência, retificando estes atentados contra natureza, apressar-se-á em pô-los em bom caminho. Mas, por outro lado, os políticos que constroem uma doutrina moral própria para justificar princípios de governo mais contrários ao direito, os políticos que sustentam que a natureza humana não é capaz de realizar o bem prescrito pela ideia da razão, são os que, na realidade, perpetuam a injúria à justiça e tornam impossível qualquer melhoramento ou progresso.

Estes hábeis políticos se ufanam de possuir uma ciência prática; mas o que possuem é na verdade a técnica dos negócios e, dispondo do poder que na ocasião domina, estão dispostos a não esquecer o seu proveito próprio e a sacrificar o povo e, se for possível, o mundo inteiro. São como verdadeiros juristas: juristas de ofício, não legisladores, quando ingressam na política. Não sendo a sua missão meditar sobre a legislação, mas apenas cumprir os mandatos atuais da lei, toda constituição vigente lhes parece perfeita; e se esta é mudada nas altas esferas da corte, o novo estatuto lhes é o melhor do mundo; tudo corre segundo a ordem mecânica referente aos seus casos pessoais. Mas se essa adaptabilidade a todas as circunstâncias lhes inspira a vaidosa pretensão de poder julgar os princípios jurídicos de uma constituição política em geral, segundo o conceito do direito – *a priori*, sim, e não por experiência –; se acreditam conhecer aos homens (coisa que não é de estranhar, já que tratam diariamente com tantos), não conhecendo todavia o "Homem" nem sabendo do que esse é capaz, pois tal conhecimento exige uma profunda observação antropológica; se, providos desses conceitos paupérrimos, se acercassem do direito político e das gentes para estudar o que lhes prescreve a razão, certamente o fariam com o seu minguado espírito chicaneiro, seguindo o seu habitual processo (o de um mecanismo de leis coativas e despóticas). Os conceitos da razão, ao contrário, exigem certa potestade legal, fundada nos princípios da liberdade, únicos capazes de instituir uma constituição jurídica concordante com o direito. O político hábil acredita poder resolver o problema de uma boa constituição, deixando de parte a ideia, apelando para a experiência e vendo como estavam dispostas as constituições que até hoje melhor se mantiveram, se bem que a maior parte era ou é contrária ao direito. Os princípios postos em prática, apesar de não se manifestarem, dizem mais ou menos o que expressam as máximas sofísticas seguintes:

1. Fac et excusa. Ergreife die günstige Gelegenheit zur eigenmächtigen Besitznehmung (entweder eines Rechts des Staats über sein Volk, oder über ein anderes benachbarte); die Rechtfertigung wird sich weit leichter und zierlicher nachder That vortragen, und die Gewalt beschönigen lassen (vornehmlich im ersten Fall, wo die obere Gewalt im Innern so fort auch die gesetzgebende Obrigkeit ist, der man, gehorchen muß, ohne darüber zu vernünfteln); als wenn man zuvor auf überzeugende Gründe sinnen, und die Gegengründe darüber noch erst abwarten wollte. Diese Dreustigkeit selbst gibt einen gewissen Anschein von innerer Ueberzeugung der Rechtmäßigkeit der That, und der Gott bonus euentus ist nachher der beste Rechtsvertreter.

2. Si fecisti, nega. Was du selbst verbrochen hast, z. B. um dein Volk zur Verzweiflung, und so zum Aufruhr zu bringen, das läugne ab, daß es deine Schuld sey; sondern behaupte, daß es die der Widerspenstigkeit der Unterthanen, oder auch, bey deiner Bemächtigung eines benachbarten Volks, die Schuld der Natur des Menschen sey, der, wenn er dem Andern nicht mit Gewalt zuvorkommt, sicher darauf rechnen kann, daß dieser ihm zuvorkommen und sich seiner bemächtigen werde.

3. Diuide et impera. Das ist: sind gewisse privilegierte Häupter in deinem Volk, welche dich bloß zu ihrem Oberhaupt (primus inter pares) gewählt haben, so veruneinige jene unter einander, und entzweye sie mit dem Volk: stehe nun dem letztern, unter Vorspiegelung größerer Freyheit, bei, so wird alles von deinem unbedingten Willen abhängen. Oder sind es äußere Staaten, so ist Erregung der Mishelligkeit unter ihnen ein ziemlich sicheres Mittel, unter dem Schein des Beystandes des Schwächeren, einen nach dem andern dir zu unterwerfen. Durch diese politischen Maximen wird nun zwar niemand hintergangen; denn sie sind insgesammt schon allgemein bekannt; auch ist es mit ihnen nicht der Fall sich zu schämen, als ob die Ungerechtigkeit gar zu offenbar in die Augen leuchtete. Denn, weil sich große Mächte nie vor dem Urtheil des gemeinen Haufens, sondern nur eine vor der andern schämen.

1. *Fac et excusa*. Aproveita da ocasião favorável para te apoderares violentamente de um direito do Estado sobre o povo ou sobre outros povos vizinhos. A legitimação será bem mais fácil e suave depois do feito; a força parecerá desculpável, sobretudo no primeiro caso, quando a potestade interior é ao mesmo tempo autoridade legisladora a quem se deve obediência sem discussão. Vale mais fazê-lo assim, do que não começar buscando motivos convincentes e discutindo as objeções contra eles. Esta mesma audácia parece, de certo modo, oriunda de uma convicção interior da legitimidade do ato, e o Deus do "Bom Êxito", é certamente o melhor advogado.

2. *Si fecisti, nega*. Os vícios do teu Governo, que foram causa, por exemplo, do desespero e do levante do povo, nega-os; nega que sejas culpado; afirma que se trata de uma resistência ou desobediência dos súditos. Se te apoderares de uma nação vizinha, lança a culpa à natureza do homem, o qual, se não se adianta na agressão a outrem, pode ter como certo que sucumbirá diante da força.

3. *Divide et impera*. Isto é: se na tua nação há certas pessoas privilegiadas que te elegeram como chefe (*primus inter pares*), procura dividi-las entre si e produzir intrigas contra elas com o povo; põe-te ao lado deste último, fazendo-o conceber esperanças de liberdade maior; conseguirás assim que todos obedeçam a tua vontade absoluta. Em caso de Estados estrangeiros, há um modo seguro de reduzi-los ao teu domínio: semeia entre eles a discórdia, aparentando defender o mais fraco. Estas máximas, na realidade, não enganam a ninguém, tão universalmente conhecidas que são. Tampouco é o caso de se envergonhar delas, como se a sua injustiça se evidenciasse a todos. As grandes potências nunca se envergonham dos juízos que possam fazer as massas; envergonham-se porém umas de outras.

Was aber jene Grundsätze betrifft, nicht das Offenbarwerden, sondern nur das Mislingen derselben sie beschämt machen kann (denn in Ansehung der Moralität der Maximen kommen sie alle untereinander überein), so bleibt ihnen immer die politische Ehre übrig, auf die sie sicher rechnen können, nämlich die der Vergrößerung ihrer Macht, auf welchem Wege sie auch erworben seyn mag*).

Aus allen diesen Schlangenwendungen einer unmoralischen Klugheitslehre, den Friedenszustand unter Menschen, aus dem kriegerischen des Naturzustandes herauszubringen, erhellet wenigstens so viel: daß die Menschen, eben so wenig in ihren Privatverhältnissen, als in ihren öffentlichen, dem Rechtsbegriff entgehen können, und sich nicht getrauen, die Politik öffentlich bloß auf Handgriffe der Klugheit zu gründen, mithin dem Begriffe eines öffentlichen Rechts allen Gehorsam aufzukündigen (welches vornehmlich in dem des Völkerrechts auffallend ist), sondern ihm an sich alle gebührende Ehre wiederfahren lassen, wenn sie auch hundert Ausflüchte und Bemäntelungen aussinnen sollten, um ihm in der Praxis auszuweichen, und der verschmitzten Gewalt die Autorität anzudichten, der Ursprung und der Verband alles Rechts zu seyn. – Um dieser Sophisterey (wenn gleich nicht der durch sie beschönigten Ungerechtigkeit) ein Ende zu machen, und die falsche Vertreter der Mächtigen der Erde zum Geständnisse zu bringen, daß es nicht das Recht, sondern die Gewalt sey, der sie zum Vortheil sprechen, von welcher sie, gleich als ob sie selbst hiebey was zu befehlen hätten, den Ton annehmen, wird es gut seyn, das Blendwerk aufzudecken, womit man sich und andere hintergeht, das oberste Princip, von dem die Absicht auf den ewigen Frieden ausgeht,

---

*. Wenn gleich eine gewisse in der menschlichen Natur gewurzelte Bösartigkeit von Menschen, die in einem Staat zusammen leben, noch bezweifelt, und, statt ihrer, der Mangel einer noch nicht weit genug fortgeschrittenen Cultur (die Rohigkeit) zur Ursache der gesetzwidrigen Erscheinungen ihrer Denkungsart mit einigem Scheine angeführt werden möchte, so fällt sie doch, im äußeren Verhältnis der Staaten gegen einander, ganz unverdeckt und unwidersprechlich in die Augen. Im Innern jedes Staats ist sie durch den Zwang der bürgerlichen Gesetze verschleyert, weil der Neigung zur wechselseitigen Gewaltthätigkeit der Bürger eine größere Gewalt, nämlich die der Regierung, mächtig entgegenwirkt, und so nicht allein dem Ganzen einen moralischen Anstrich (causae non causae) giebt, sondern auch dadurch, daß dem Ausbruch gesetzwidriger Neigungen ein Riegel vorgeschoben wird, die Entwickelung der moralischen Anlage, zur unmittelbaren Achtung fürs Recht, wirklich viel Erleichterung bekommt. – Denn ein jeder glaubt nun von sich, daß er wohl den Rechtsbegriff heilig halten und treu befolgen würde, wenn er sich nur von jedem andern eines Gleichen gewärtigen könnte; welches letztere ihm die Regierung zum Theil sichert; wodurch dann ein großer Schritt zur Moralität (obgleich noch nicht moralischer Schritt) gethan wird, diesem Pflichtbegriff auch um sein selbst willen, ohne Rücksicht auf Erwiederung, anhänglich zu seyn. – Da ein jeder aber, bey seiner guten Meynung von sich selber, doch die böse Gesinnung bey allen anderen voraussetzt, so sprechen sie einander wechselseitig ihr Urtheil: daß sie alle, was das Factum betrifft, wenig taugen (woher es komme, da es doch der Natur des Menschen, als eines freyen Wesens, nicht Schuld gegeben werden kann, mag unerörtert bleiben). Da aber doch auch die Achtung für den Rechtsbegriff, deren der Mensch sich schlechterdings nicht entschlagen kann, die Theorie des Vermögens, ihm angemessen zu werden, auf das feyerlichste sanctionirt, so sieht ein jeder, daß er seinerseits jenem gemäß handeln müsse, Andere mögen es halten, wie sie wollen.

Mas no que se refere a estas máximas, não é a publicidade, mas o êxito das brigas, o que pode envergonhar um Estado – já que todos estão de acordo acerca da moralidade de tais máximas –. Fica, pois, sempre intacta a honra política a que aspiram, isto é: o engrandecimento do Poder seja pelo meio que for.[29]

De todos esses circunlóquios inventados por uma doutrina imoral da habilidade, que se propõe com tais meios tirar o homem da guerra implícita no estado natural para levá-lo ao estado de paz, deduz-se, pelo menos, o seguinte: os homens não podem prescindir do conceito do direito, nem em suas relações públicas; não se atrevem a negar obediência ao conceito do direito público – isto é visível, sobretudo, no direito das gentes; tributam à ideia do direito todas as honras convenientes, sem prejuízo de inventar mil truques e escapatórias para iludi-lo na prática e atribuir à força e à astúcia a autoridade e supremacia, a origem em relação comum de todo direito. Para pôr termo a estes sofismas, embora não à injustiça que se ampara nesses sofismas; para obrigar aos falsos representantes dos poderosos da terra confessar que o que defendem não é o direito, mas a força, cujo tom e posse adotam, como se fossem eles por si mesmos os que mandam; para acabar com tudo isto, será bom descobrir o artifício com que enganam os demais, enganando-se a si mesmos, e manifestar claramente qual é o princípio supremo sobre o qual se fundamenta a ideia da paz perpétua.

---

29. Seria cabível pôr em dúvida a existência de certa maldade radical, ingênita na natureza dos homens que vivem juntos num Estado; poder-se-ia dizer, com certa aparência de verdade, que a causa de que os homens se conduzam por vezes contra a lei, resida na grosseria, na falta de suficiente desenvolvimento cultural. Mas nas relações externas entre os Estados, fica bem patente e incontestável essa maldade fundamental. Dentro de cada Estado, encobre-a a coação das leis civis e políticas, porque a tendência dos cidadãos para a violência privada é contrafeita pelo poder mais forte, o do governo, e assim o conjunto da vida recebe um tom moral; a força que contém e anuncia o deflagrar das paixões anárquicas, fomenta além disso, realmente, a desenvoltura da disposição moral para respeitar o direito. Todo cidadão, com efeito, pensa que respeitaria e obedeceria o conceito do direito, se tivesse a garantia de que os demais também fariam o mesmo; esta segurança e garantia em parte é o governo que lhe faculta; tudo isso representa um progresso para a moralidade – se bem não um progresso de moralidade –, que consiste em aderir a esse conceito moral do direito, por si próprio, sem cuidar da reciprocidade. Mas cada um, apesar da boa opinião que faz de si mesmo, supõe nas demais inclinações malévolas, resultando disso que o juízo que os homens fazem uns dos outros é que nenhum, na verdade, vale grande coisa. Não vamos agora investigar qual seja o fundamento deste juízo, que não pode deitar a culpa dessa maldade sobre a natureza do homem, como ser livre. O homem não deixará respeitar a ideia do direito, e esse respeito sanciona solenemente a teoria que afirma que é, portanto, capaz de acomodar na mesma a sua conduta; assim, cada um compreende que tem de agir e de viver conforme o direito, sem preocupar-se do que façam os outros. (N.A.)

ausfindig zu machen und zu zeigen: daß alles das Böse, was ihm im Wege ist, davon herrühre: daß der politische Moralist da anfängt, wo der moralische Politiker billigerweise endigt, und, indem er so die Grundsätze dem Zweck unterordnet (d. i. die Pferde hinter den Wagen spannt), seine eigene Absicht vereitelt, die Politik mit der Moral in Einverständnis zu bringen.

Um die praktische Philosophie mit sich selbst einig zu machen, ist nöthig, zuvörderst die Frage zu entscheiden: ob in Aufgaben der praktischen Vernunft vom materialen Prinzip derselben, dem Zweck (als Gegenstand der Willkühr) der Anfang gemacht werden müsse, oder vom formalen, d. i. demjenigen (bloß auf Freyheit im äußern Verhältnis gestellten), darnach es heißt: handle so, daß du wollen kannst, deine Maxime solle ein allgemeines Gesetz werden (der Zweck mag seyn, welcher er wolle).

Ohne alle Zweifel muß das letztere Princip vorangehen; denn es hat, als Rechtsprincip, unbedingte Nothwendigkeit, statt dessen das erstere, nur unter Voraussetzung empirischer Bedingungen des vorgesetzten Zwecks, nämlich der Ausführung desselben, nöthigend ist, und, wenn dieser Zweck (z. B. der ewige Friede) auch Pflicht wäre, so müßte doch diese selbst aus dem formalen Princip der Maximen äußerlich zu handeln abgeleitet worden seyn. – Nun ist das erstere Princip, das des politischen Moralisten (das Problem des Staats-, Völker- und Weltbürgerrechts), eine bloße Kunstaufgabe (problema technicum), das zweyte dagegen, als Princip des moralischen Politikers, welchem es eine sittliche Aufgabe (problema morale) ist, im Verfahren von dem anderen himmelweit unterschieden, um den ewigen Frieden, den man nun nicht bloß als physisches Gut, sondern auch als einen aus Pflichtanerkennung hervorgehenden Zustand wünscht, herbeyzuführen.

Zur Auflösung des ersten, nämlich des Staats-Klugheitsproblems, wird viel Kenntnis der Natur erfordert, um ihren Mechanism zu dem gedachten Zweck zu benutzen, und doch ist alle diese ungewis in Ansehung ihres Resultats, den ewigen Frieden betreffend; man mag nun die eine oder die andere der drey Abtheilungen des öffentlichen Rechts nehmen. Ob das Volk im Gehorsam und zugleich im Flor besser durch Strenge, oder Lockspeise der Eitelkeit, ob durch Obergewalt eines Einzigen, oder durch Vereinigung mehrerer Häupter, vielleicht auch bloß durch einen Dienstadel, oder durch Volksgewalt, im Innern, und zwar auf lange Zeit, gehalten werden könne, ist ungewis. Man hat von allen Regierungsarten (die einzige ächt-republikanische, die aber nur einem moralischen Politiker in den Sinn kommen kann, ausgenommen) Beyspiele des Gegentheils in der Geschichte. – Noch ungewisser ist ein auf Statute nach Ministerialplanen vorgeblich errichtetes Völkerrecht, welches in der That nur ein Wort ohne Sache ist, und auf Verträgen beruht, die in demselben Akt ihrer Beschließung zugleich den geheimen Vorbehalt ihrer Uebertretung enthalten. – Dagegen dringt sich die Auflösung des zweyten, nämlich des Staatsweisheitsproblems, so zu sagen,

Vamos demonstrar agora que todos os obstáculos que se opõem à paz perpétua provêm de que o moralista político começa do ponto em que o político moral termina; o moralista político subordina os princípios ao fim a que se propõe, como quem encabresta os cavalos atrás do cocho e portanto torna vãos e inúteis o seus propósitos de conciliar a moral com a política.

Para conciliar a filosofia prática consigo mesma, deve-se resolver primeiramente a seguinte questão: nos problemas da razão prática deve-se começar pelo princípio material, isto é, pelo fim ou objeto da vontade, ou pelo princípio formal, isto é, pelo princípio que assenta sobre a liberdade, em relação ao exterior, que diz assim: age de modo tal que possas querer que tua máxima deva converter-se em lei universal, seja qual for o fim a que te proponhas?

Indubitavelmente, este último princípio deve preceder o outro; é um princípio de direito e, portanto, possui uma necessidade absoluta incondicionada. O outro, contrariamente, não é obrigatório, a não ser quando admitem as condições empíricas do fim proposto, isto é, da realização. Mesmo quando este fim fosse um dever (como, por exemplo a paz perpétua), teria que se deduzir do princípio formal das máximas para a ação externa. Pois bem; o princípio do moralista político (o problema do direito político, do direito das gentes e do direito da cidadania mundial) é um mero problema técnico; o do político moral, por outro lado, é um problema moral e tão diferente, no processo, do primeiro, que a paz perpétua não é aqui um bem físico, mas um estado imperiosamente exigível pela consciência moral.

A solução do problema técnico ou da habilidade política requer grande conhecimento da natureza; o governante deve utilizar o mecanismo das forças em proveito do fim a que se propôs. Contudo, essa ciência é incerta, insegura, em relação ao resultado apetecido: a paz perpétua, em qualquer dos três ramos do direito público. Como manter, durante muito tempo, um povo em obediência e em paz interna, fomentado ao mesmo tempo as suas energias criadoras? Em um regime monárquico ou aristocrático? Dando o Poder a uma nobreza de funcionários? Regendo-se pela vaidade do povo? A história oferece os exemplos mais contraditórios de rotinas políticas e, excetuando, todavia, o verdadeiro regime republicano, o qual não pode ser alentado senão por um político moral. Caso passemos ao direito das gentes, veremos que o que hoje existe sob este nome, assente nos estatutos elaborados pelos ministros, é, na realidade, uma palavra sem conteúdo algum; fundamenta-se em tratados, que, no próprio ato que de serem firmados, já foram secretamente transgredidos. Por outro modo a solução desse problema da sabedoria política – em oposição à habilidade política –, impõe-se

von selbst auf, ist jedermann einleuchtend, und macht alle Künsteley zu Schanden, führt dabey gerade zum Zweck; doch mit der Erinnerung der Klugheit, ihn nicht übereilterweise mit Gewalt herbey zu ziehen, sondern sich ihm, nach Beschaffenheit der günstigen Umstände, unabläßig zu nähern.

Da heißt es denn: „trachtet allererst nach dem Reiche der reinen praktischen Vernunft und nach seiner Gerechtigkeit, so wird euch euer Zweck (die Wohlthat des ewigen Friedens) von selbst zufallen." Denn das hat die Moral Eigenthümliches an sich, und zwar in Ansehung ihrer Grundsätze des öffentlichen Rechts, (mithin in Beziehung auf eine a priori erkennbare Politik), daß, je weniger sie das Verhalten von dem vorgesetzten Zweck, dem beabsichtigten, es sey physischem oder sittlichem Vortheil, abhängig macht, desto mehr sie dennoch zu diesem im allgemeinen zusammenstimmt; welches daher kömmt, weil es gerade der a priori gegebene allgemeine Wille (in einem Volk, oder im Verhältnis verschiedener Völker unter einander) ist, der allein, was unter Menschen Rechtens ist, bestimmt; diese Vereinigung des Willens Aller aber, wenn nur in der Ausübung consequent verfahren wird, auch nach dem Mechanism der Natur, zugleich die Ursache seyn kann, die abgezweckte Wirkung hervorzubringen, und dem Rechtsbegriffe Effekt zu verschaffen. – So ist es z. B. ein Grundsatz der moralischen Politik: daß sich ein Volk zu einem Staat nach den alleinigen Rechtsbegriffen der Freyheit und Gleichheit vereinigen solle, und dieses Princip ist nicht auf Klugheit, sondern auf Pflicht gegründet. Nun mögen dagegen politische Moralisten noch so viel über den Naturmechanism einer in Gesellschaft tretenden Menschenmenge, welcher jene Grundsätze entkräftete, und ihre Absicht vereiteln werde, vernünfteln, oder auch durch Beyspiele schlecht organisirter Verfassungen alter und neuer Zeiten (z. B. von Demokratien ohne Repräsentationssystem) ihre Behauptung dagegen zu beweisen suchen, so verdienen sie kein Gehör; vornehmlich, da eine solche verderbliche Theorie das Uebel wohl gar selbst bewirkt, was sie vorhersagt, nach welcher der Mensch mit den übrigen lebenden Maschinen in eine Classe geworfen wird, denen nur noch das Bewußtseyn, daß sie nicht freye Wesen sind, beywohnen dürfte, um sie in ihrem eigenen Urtheil zu den elendesten unter allen Weltwesen zu machen.

manifestamente, por assim dizer, a todo mundo. Diante dela emudece todo artifício sofístico. Evoluciona diretamente a seu fim. Basta conservar a prudência necessária para não se precipitar na realização, e acercar-se lentamente do fim desejado sem interrupção, aproveitando as circunstâncias favoráveis. Expressa-se do modo seguinte: "Procurai antes de tudo aproximar-vos do ideal da razão prática e de sua justiça; o fim que ides proporcionar-lhes – a paz perpétua – há de chegar-vos às mãos". Possui a moral de característico, sobretudo no que concerne aos princípios do direito público (e, portanto acerca de uma política cognoscível *a priori*), que quanto menos se subordina a conduta aos fins propostos e ao proveito apetecido, físico ou moral, tanto mais se acomoda, apesar disso, a esse fim e geralmente o favorece. Sucede isto porque a vontade universal, dada *a priori* (num povo ou nas relações entre vários povos), é a única que determina o que é direito entre os homens; esta unidade de todas as vontades, quando procede consequentemente na execução, pode ser também a causa mecânica natural que provoque os efeitos melhor encaminhados em dar eficácia à concepção do direito. Assim, por exemplo, é um princípio de política moral que um povo, convertendo-se em Estado, deve fazê-lo segundo os conceitos jurídicos da igualdade e da liberdade. Este princípio não se fundamenta em prudência ou em habilidade, mas sim no dever moral. Podem os moralistas políticos objetar sobre o mecanismo natural das massas populares, e sustentar que na realização se sufocam os princípios e se evaporam os propósitos; pode, também citar casos de constituições más, antigas e modernas (por exemplo, de democracias sem sistema representativo), para dar autoridade às suas afirmações. Não merecem ser ouvidos; as suas teorias provocam precisamente os males por eles assinalados; rebaixam os homens com os demais animais ao papel de máquinas vivas, para as quais a consciência é um suplício a mais, porque conhecendo a sua qualidade de escravos, julgam-se como as mais miseráveis criaturas do mundo.

Der zwar etwas renomistisch klingende, sprüchwörtlich in Umlauf gekommene, aber wahre Satz: fiat iustitia, pereat mundus, das heißt zu deutsch: "es herrsche Gerechtigkeit, die Schelme in der Welt mögen auch insgesammt darüber zugrunde gehen," ist ein wackerer, alle durch Arglist oder Gewalt vorgezeichnete krumme Wege abschneidender Rechtsgrundsatz; nur daß er nicht misverstanden, und etwa als Erlaubnis, sein eigenes Recht mit der größten Strenge zu benutzen (welches der ethischen Pflicht widerstreiten würde), sondern als Verbindlichkeit der Machthabenden, niemandem sein Recht aus Ungunst oder Mitleiden gegen Andere zu weigern oder zu schmälern, verstanden wird; wozu vorzüglich eine nach reinen Rechtsprincipien eingerichtete innere Verfassung des Staats, dann aber auch die der Vereinigung desselben mit andern benachbarten oder auch entfernten Staaten zu einer (einem allgemeinen Staat analogischen) gesetzlichen Ausgleichung ihrer Streitigkeiten erfordert wird. – Dieser Satz will nichts anders sagen, als: die politische Maximen müssen nicht von der, aus ihrer Befolgung zu erwartenden, Wohlfahrt. und Glückseligkeit eines jeden Staats, also nicht vom Zweck, den sich ein jeder derselben zum Gegenstande macht (vom Wollen), als dem obersten (aber empirischen) Princip der Staatsweisheit, sondern von dem reinen Begriff der Rechtspflicht (vom Sollen, dessen Princip a priori durch reine Vernunft gegeben ist) ausgehen, die physischen Folgen daraus mögen auch seyn, welche sie wollen. Die Welt wird keinesweges dadurch untergehen, daß der bösen Menschen weniger wird. Das moralisch Böse hat die von seiner Natur unabtrennliche Eigenschaft, daß es in seinen Absichten (vornehmlich in Verhältnis gegen andere Gleichgesinnete) sich selbst zuwider und zerstöhrend ist, und so dem (moralischen) Princip des Guten, wenn gleich durch langsame Fortschritte, Platz macht.

Es giebt also objectiv (in der Theorie) gar keinen Streit zwischen der Moral und der Politik. Dagegen subjectiv (in dem selbstsüchtigen Hange der Menschen, der aber, weil er nicht auf Vernunftmaximen gegründet ist, noch nicht Praxis genannt werden muß), wird und mag er immer bleiben, weil er zum Wetzstein der Tugend dient, deren wahrer Muth (nach dem Grundsatze: tu ne cede malis, sed contra audentior ito) in gegenwärtigem Falle nicht sowohl darin besteht, den Uebeln und Aufopferungen mit festem Vorsatz sich entgegenzusetzen, welche hiebey übernommen werden müssen, sondern dem weit gefährlicheren lügenhaften und verrätherischen, aber doch vernünftelnden, die Schwäche der menschlichen Natur zur Rechtfertigung alle Uebertretung vorspiegelnden bösen Princip in uns selbst, in die Augen zu sehen und seine Arglist zu besiegen.

Há uma frase que apesar de certo tom de fanfarronice, tornou-se proverbial, sendo bem verdadeira: *Fiat justitia, pereat mundus*. Isto pode ser interpretado do modo seguinte: Reine justiça, mesmo que desapareçam todos os patifes do mundo. É um princípio maiúsculo do direito, que corta todo caminho tortuoso em insídias e violência. Mas é preciso entendê-lo no seu verdadeiro sentido; não se deve considerar como uma permissão que nos é dada para que façamos uso do nosso próprio direito com o máximo rigor – o que seria contrário ao dever moral –, mas sim como a obrigação que tem o regente de não negar e nem diminuir o direito de quem quer que sejam, por antipatia ou compaixão. Para ele é necessária uma constituição interna do Estado, adequada aos princípios do direito, e além disso um estatuto que conglobe as nações próximas e mesmo longínquas em uma união semelhante à lei do Estado, cuja missão seja resolver os conflitos internacionais. Aquela frase proverbial significa, pois, isto: as máximas políticas não devem assentar na perspectiva de felicidade e ventura que o Estado espera obter de sua aplicação; não devem fundamentar-se no fim que o Governo se proponha conseguir; não devem espelhar-se na vontade, considerada como princípio supremo – se bem empírico – da política; devem, pelo contrário, partir do conceito puro do direito, da ideia moral do dever, cujo princípio *a priori* se origina da razão pura, sejam quais forem as consequências físicas resultantes. O mundo não há de perecer havendo menor número de malvados. O malvado tem a virtude, inseparável de sua natureza, de destruir-se a si mesmo e de desfazer os seus propósitos – sobretudo em suas relações com outros malvados –, abrindo, embora lentamente, passagem ao princípio moral do bem.

Não há, objetivamente – na teoria – oposição alguma entre a moral e a política. Mas, subjetivamente, tal existe pela inclinação egoísta dos homens, a qual, contudo, não estando fundamentada em máximas da razão, não pode no rigor da palavra denominar-se prática. E essa oposição pode durar sempre; serve de estímulo à virtude, cujo verdadeiro valor, no caso presente, não consiste só em aguentar firmemente os danos e sacrifícios consequentes – *tu ne cede malis, sed contra audentior ito* –, mas sim em conhecer e dominar o princípio nefasto que reside em nós e que é sumamente perigoso, porque nos engana e atraiçoa com o espelho desses sofismas, que escusam a violência e a ilegalidade com o pretexto das fraquezas humanas.

In der That kann der politische Moralist sagen: Regent und Volk, oder Volk und Volk thun einander nicht Unrecht, wenn sie einander gewaltthätig oder hinterlistig befehden, ob sie zwar überhaupt darin Unrecht thun, daß sie dem Rechtsbegriffe, der allein den Frieden auf ewig begründen könnte, alle Achtung versagen. Denn weil der eine seine Pflicht gegen den andern übertritt, der gerade eben so rechtswidrig gegen jenen gesinnt ist, so geschieht ihnen beyderseits ganz recht, wenn sie sich unter einander aufreiben, doch so, daß von dieser Rasse immer noch genug übrig bleibt, um dieses Spiel bis zu den entferntesten Zeiten nicht aufhören zu lassen, damit eine späte Nachkommenschaft an ihnen dereinst ein warnendes Beyspiele nehme. Die Vorsehung im Laufe der Welt ist hierbey gerechtfertigt; denn das moralische Princip im Menschen erlöscht nie, die, pragmatisch, zur Ausführung der rechtlichen Ideen nach jenem Princip tüchtige Vernunft wächst noch dazu beständig durch immer fortschreitende Cultur, mit ihr aber auch die Schuld jener Uebertretungen. Die Schöpfung allein: daß nämlich ein solcher Schlag von verderbten Wesen überhaupt hat auf Erden seyn sollen, scheint durch keine Theodicee gerechtfertigt werden zu können (wenn wir annehmen, daß es mit dem Menschengeschlechte nie besser bestellt seyn werde noch könne); aber dieser Standpunkt der Beurtheilung ist für uns viel zu hoch, als daß wir unsere Begriffe (von Weisheit) der obersten uns unerforschlichen Macht in theoretischer Absicht unterlegen könnten. – Zu solchen verzweifelten Folgerungen werden wir unvermeidlich hingetrieben, wenn wir nicht annehmen, die reine Rechtsprincipien haben objective Realität, d. i., sie lassen sich ausführen; und darnach müsse auch von Seiten des Volks im Staate, und weiterhin von Seiten der Staaten gegen einander, gehandelt werden; die empirische Politik mag auch dagegen einwenden, was sie wolle. Die wahre Politik kann also keinen Schritt thun, ohne vorher der Moral gehuldigt zu haben, und ob zwar Politik für sich selbst eine schwere Kunst ist, so ist doch Vereinigung derselben mit der Moral gar keine Kunst; denn diese haut den Knoten entzwey, den jene nicht aufzulösen vermag, sobald beyde einander widerstreiten. – Das Recht dem Menschen muß heilig gehalten werden, der herrschenden Gewalt mag es auch noch so große Aufopferung kosten. Man kann hier nicht halbiren, und das Mittelding eines pragmatisch-bedingten Rechts (zwischen Recht und Nutzen) aussinnen, sondern alle Politik muß ihre Kniee vor dem erstern beugen, kann aber dafür hoffen, ob zwar langsam, zu der Stufe zu gelangen, wo sie beharrlich glänzen wird.

O moralista político, em verdade, pode dizer: o regente e o povo ou um povo e outro povo não são injustos uns em relação aos outros, caso se hostilizem por violência ou por astúcia; a injustiça que cometem, cometem-na só no direito, único fundamento possível da paz perpétua. Com efeito, um falta ao dever em relação ao outro; mas este outro, por sua vez, está animado de idênticas intenções para com o primeiro; portanto, se produzem danos mutuamente, é justo que se destruam entre si. Entretanto a destruição não é tanta que não restem sempre alguns, os suficientes para que o jogo não cesse e se perpetue, deixando à posteridade um exemplo instrutivo. A providência no curso do mundo fica aqui justificada; pois nunca se apaga, e a razão aplicada na prática em realizar a ideia do direito, de conformidade com o princípio moral, aumenta sem cessar paralelamente à cultura crescente, com o que acresce ainda mais a culpabilidade dos que cometem essas transgressões. O que nenhuma teodiceia poderia justificar, seria só o ato da criação que encheu o mundo de seres viciosos e malignos – supondo que a raça humana nunca possa melhorar –. Mas esse ponto de vista é demasiado elevado e sublime: não podemos explicar em sentido teórico, a insondável potestade suprema com os nossos conceitos do que é sabedoria. Somos compelidos forçadamente a tais consequências, desesperadas em si, se não admitimos que os princípios puros do direito possuem realidade objetiva; isto é, que podem se realizar, e que, por conseguinte, o povo no Estado, e os Estados, em suas mútuas relações, devem conduzir-se de acordo com esses princípios, diga o que quiser a política empírica. A verdade política não pode dar um passo sem ter tributado previamente homenagem à moral. A política, em si mesma, é uma arte difícil; mas a união da política com a moral não é uma arte, pois logo que entre ambas surge uma discrepância, que a política não consegue resolver, vem a moral e atina com a questão, recobrindo toda a nudez. O direito dos homens deve ser mantido como coisa sagrada, custe o sacrifício que custar ao poder dominador. Não cabe aqui ajustes; pouco adianta inventar um termo médio entre direito e proveito, um direito condicionado na prática. Toda política deve inclinar-se diante do direito; mas, se por outro lado, pode ela abrigar a esperança de que, embora lentamente, chegará o dia em que brilhará com inalterável esplendor.

II.
Von der Einhelligkeit der Politik mit der Moral nach dem transcendentalen Begriffe des öffentlichen Rechts.

Wenn ich von aller Materie des öffentlichen Rechts (nach den verschiedenen empirisch-gegebenen Verhältnissen der Menschen im Staat oder auch der Staaten unter einander), so wie es sich die Rechtslehrer gewöhnlich denken, abstrahire, so bleibt mir noch die Form der Publicität übrig, deren Möglichkeit ein jeder Rechtsanspruch in sich enthält, weil ohne jene es keine Gerechtigkeit (die nur als öffentlich kundbar gedacht werden kann), mithin auch kein Recht, das nur von ihr ertheilt wird, geben würde.

Diese Fähigkeit der Publicität muß jeder Rechtsanspruch haben, und sie kann also, da es sich ganz leicht beurtheilen läßt, ob sie in einem vorkommenden Falle stattfinde, d. i. ob sie sich mit den Grundsätzen des Handelnden vereinigen lasse oder nicht, ein leicht zu brauchendes, a priori in der Vernunft anzutreffendes Criterium abgeben, im letzteren Fall die Falschheit (Rechtswidrigkeit) des gedachten Anspruchs (praetensio iuris), gleichsam durch ein Experiment der reinen Vernunft, so fort zu erkennen.

Nach einer solchen Abstraction von allem Empirischen, was der Begriff des Staats- und Völkerrechts enthält (dergleichen das Bösartige der menschlichen Natur ist, welches den Zwang nothwendig macht), kann man folgenden Satz die transcendentale Formel des öffentlichen Rechts nennen:

„Alle auf das Recht anderer Menschen bezogene Handlungen, deren Maxime sich nicht mit der Publicität verträgt, sind unrecht."

Dieses Princip ist nicht bloß als ethisch (zur Tugendlehre gehörig), sondern auch als juridisch (das Recht der Menschen angehend) zu betrachten. Denn eine Maxime, die ich nicht darf laut werden lassen, ohne dadurch meine eigene Absicht zugleich zu vereiteln, die durchaus verheimlicht werden muß, wenn sie gelingen soll, und zu der ich mich nicht öffentlich bekennen kann, ohne daß dadurch unausbleiblich der Widerstand Aller gegen meinen Vorsatz gereizt werde, kann diese nothwendige und allgemeine, mithin a priori einzusehende, Gegenbearbeitung Aller gegen mich nirgend wovon anders, als von der Ungerechtigkeit her haben, womit sie jedermann bedroht. – Es ist ferner bloß negativ, d. i. es dient nur, um vermittelst desselben, was gegen Andere nicht recht ist, zu erkennen. – Es ist gleich einem Axiom unerweislich-gewiß und überdem leicht anzuwenden, wie aus folgenden Beyspielen des öffentlichen Rechts zu ersehen ist.

II.
Da Harmonia Estabelecida pelo Conceito Transcendental do Direito Público entre a Política e a Moral

Se no direito público, tal como costumam concebê-lo os juristas, prescindimos de toda a "matéria" (as diferentes relações consumadas empiricamente entre os indivíduos de um estado ou entre vários Estados), só nos ficaria a "forma da publicidade", cuja possibilidade se contém em toda pretensão de direito. Sem publicidade, não haveria justiça, pois a justiça não pode ser concebida ocultamente, mas sim publicamente manifesta; não haveria, portanto, direito, que é o que a justiça distribui e define.

A capacidade de publicar-se deve, pois, assentar em toda pretensão de direito. Ainda bem; como é muito fácil de intuir, se essa capacidade de publicar reside ou não em caso particular, isto é, se é ou não compatível com as máximas do que intenta a ação. resulta disso que pode servir como um critério *a priori* da razão para conhecer em seguida como por meio de uma experiência, a verdade ou falsidade da pretensão enunciada.

Se prescindimos, pois, de todo conteúdo empírico que há na concepção do direito político e do direito das gentes – como, por exemplo, a maldade da natureza humana que torna necessária a coação –, encontramos a seguinte proposição, que pode perfeitamente bem denominar-se "fórmula transcendental" do direito público:

"As ações atinentes ao direito de outros homens são injustas, se a sua máxima não admite publicidade".

Esse princípio deve ser considerado, não como princípio "ético", pertencente à teoria da virtude, mas como princípio "jurídico", relativo ao direito dos homens. Com efeito, a máxima que não posso manifestar em voz alta, que deve permanecer secreta, sob pena de fazer fracassar o meu propósito; a máxima que não posso reconhecer publicamente, sem provocar ao menos tempo a oposição de todos ao meu intuito; a máxima que, sendo conhecida, suscitaria contra mim uma inimizade necessária e universal e, portanto, cognoscível *a priori*; a máxima que tem tais consequências, tem-nas forçosamente porque encerra uma ameaça injusta ao direito dos demais. O princípio que citamos é, além disso, simplesmente "negativo"; isto é, só serve para a conhecer o que "não é justo" em relação aos outros. Como os axiomas, está certo; mas é indemonstrável, e além disso bem singelo na sua aplicação, como veremos nos seguintes conceitos, tirados do direito público.

1. Was das Staatsrecht (ius ciuitatis), nämlich das innere betrifft, so kommt in ihm die Frage vor, welche Viele für schwer zu beantworten halten, und die das transcendentale Princip der Publicität ganz leicht auflöset: „ist Aufruhr ein rechtmäßiges Mittel für ein Volk, die drückende Gewalt eines so genannten Tyrannen (non titulo, sed exercitio talis) abzuwerfen?" Die Rechte des Volks sind gekränkt, und ihm (dem Tyrannen) geschieht kein Unrecht durch die Entthronung; daran ist kein Zweifel. Nichts desto weniger ist es doch von den Unterthanen im höchsten Grade unrecht, auf diese Art ihr Recht zu suchen, und sie können eben so wenig über Ungerechtigkeit klagen, wenn sie in diesem Streit unterlägen und nachher deshalb die härteste Strafe ausstehen müßten.

Hier kann nun Vieles für und dawider vernünftelt werden, wenn man es durch eine dogmatische Deduction der Rechtsgründe ausmachen will; allein das transcendentale Prinzip der Publicität des öffentlichen Rechts kann sich diese Weitläuftigkeit ersparen. Nach demselben frägt sich vor Errichtung des bürgerlichen Vertrags das Volk selbst, ob es sich wohl getraue, die Maxime des Vorsatzes einer gelegentlichen Empörung öffentlich bekannt zu machen. Man sieht leicht ein, daß, wenn man es bey der Stiftung einer Staatsverfassung zur Bedingung machen wollte, in gewissen vorkommenden Fällen gegen das Oberhaupt Gewalt auszuüben, so müßte das Volk sich einer rechtmäßigen Macht über jenes anmaßen. Alsdann wäre jenes aber nicht das Oberhaupt, oder, wenn beydes zur Bedingung der Staatserrichtung gemacht würde, so würde gar keine möglich seyn, welches doch die Absicht des Volks war. Das Unrecht des Aufruhrs leuchtet also dadurch ein, daß die Maxime desselben dadurch, daß man sich öffentlich dazu bekennte, seine eigene Absicht unmöglich machen würde. Man müßte sie also nothwendig verheimlichen. Das letztere wäre aber von Seiten des Staatsoberhaupts eben nicht nothwendig. Er kann frey heraus sagen, daß er jeden Aufruhr mit dem Tode der Rädelsführer bestrafen werde, diese mögen auch immer glauben, er habe seinerseits das Fundamentalgesetz zuerst übertreten; denn wenn er sich bewußt ist, die unwiderstehliche Obergewalt zu besitzen (welches auch in jeder bürgerlichen Verfassung so angenommen werden muß, weil der, welcher nicht Macht genug hat, einen jeden im Volk gegen den andern zu schützen, auch nicht das Recht hat, ihm zu befehlen), so darf er nicht sorgen, durch die Bekanntwerdung seiner Maxime seine eigene Absicht zu vereiteln, womit auch ganz wohl zusammenhängt, daß, wenn der Aufruhr dem Volk gelänge, jenes Oberhaupt in die Stelle des Unterthans zurücktreten, eben sowohl keinen Wiedererlangungsaufruhr beginnen, aber auch nicht zu befürchten haben müßte, wegen seiner vormaligen Staatsführung zur Rechenschaft gezogen zu werden.

1. Com referência ao direito político interno – *jus civitatis* –, há um problema que muitos consideram difícil de resolver e que o princípio transcendental da publicidade resolve facilmente: será a revolução um meio legítimo para livrar um povo da opressão de um tirano – *non titulo, sed exercitio talis?* –. Os direitos do povo estão conspurcados, e não se faz ao tirano nenhuma injustiça, destronando-o; não resta a menor dúvida.

Não obstante, é altamente ilegítimo, por parte dos súditos, reivindicar o seu direito desse modo, e não podem de maneira nenhuma queixar-se da injustiça recebida se são vencidos na demanda e obrigados a cumprir penas que de seu ato resultarem.

Acerca deste ponto de vista cabe muita discussão, caso se queira liquidar a questão por meio de uma dedução dogmática dos fundamentos do direito. Mas o princípio transcendental da difusão do direito público pode poupar-nos qualquer discussão. Segundo este princípio, indague-se do próprio povo, antes de cerrar o contrato social, caso se atreva a manifestar publicamente a máxima pela qual se reserva o direito de sublevar-se. Bem se vê, se ao fundar-se um Estado, se pusesse como condição de que em certos casos poder-se-ia fazer uso da força contra o soberano, isto equivaleria a dar ao povo um poder legal sobre o soberano. Mas então o soberano não seria soberano e caso se pusesse como condição a dupla soberania, resultaria então impossível instaurar o Estado, que seria contrário ao propósito inicial. A ilegitimidade da sublevação se manifesta, pois, patente, já que a máxima em que se fundamenta não pode tornar-se pública sem destruir o propósito do Estado propriamente dito. Seria necessário, neste caso, ocultá-la. O soberano, por outro lado, não necessita ocultar nada. Pode ele dizer livremente que castigará com a morte toda sublevação, mesmo quando os sublevados acreditem que foi o soberano o que primeiro transgrediu a lei fundamental. Pois se o soberano tem consciência de que possui o poder supremo irresistível – e deve-se admitir que ele é assim em toda constituição civil, posto que quem não tivesse força suficiente para proteger aos indivíduos uns contra os outros, não teria tampouco o direito de mandá-los –, não se deve preocupar de que a publicação de sua máxima destrua os seus propósitos. Por outro lado, se a sublevação resultar vitoriosa, isto significa que o soberano retrocede e torna à condição de súdito; é-lhe, pois, vedado sublevar-se novamente para restabelecer o antigo regime; mas também fica livre de todo temor, e ninguém pode exigir-lhe responsabilidade em relação ao seu governo anterior.

2. *Was das Völkerrecht betrifft.* – *Nur unter Voraussetzung irgend eines rechtlichen Zustandes (d. i. derjenigen äußeren Bedingung, unter der dem Menschen ein Recht wirklich zu Theil werden kann), kann von einem Völkerrecht die Rede seyn; weil es, als ein öffentliches Recht, die Publication eines, jedem das Seine bestimmenden, allgemeinen Willens schon in seinem Begriffe enthält, und dieser status iuridicus muß aus irgend einem Vertrage hervorgehen, der nicht eben (gleich dem, woraus ein Staat entspringt,) auf Zwangsgesetze gegründet seyn darf, sondern allenfalls auch der einer fortwäh-rend – freyen Association seyn kann, wie der oben erwähnte der Föderalität verschiedener Staaten. Denn ohne irgendeinen rechtlichen Zustand, der die verschiedene (physische oder moralische) Personen thätig verknüpft, mithin im Naturstande, kann es kein anderes als bloß ein Privatrecht geben. – Hier tritt nun auch ein Streit der Politik mit der Moral (diese als Rechtslehre betrachtet) ein, wo dann jenes Criterium der Publicität der Maximen gleichfalls seine leichte Anwendung findet, doch nur so: daß der Vertrag die Staaten nur in der Absicht verbindet, unter einander und zusammen gegen andere Staaten sich im Frieden zu erhalten, keineswegs aber um Erwerbungen zu machen. – Da treten nun folgende Fälle der Antinomie zwischen Politik und Moral ein, womit zugleich die Lösung derselben verbunden wird.*

a) „Wenn einer dieser Staaten dem andern etwas versprochen hat: es sey Hülfleistung, oder Abtretung gewisser Länder, oder Subsidien u. d. gl., frägt sich, ob er sich in einem Fall, an dem des Staats Heil hängt, vom Worthalten dadurch los machen kann, daß er sich in einer doppelten Person betrachtet wissen will, erstlich als Souverän, da er Niemanden in seinem Staat verantwortlich ist; dann aber wiederum bloß als oberster Staatsbeamte, der dem Staat Rechenschaft geben müsse: da denn der Schluß dahin ausfällt, daß, wozu er sich in der ersteren Qualität verbindlich gemacht hat, davon werde er in der zweyten losgesprochen.“ – Wenn nun aber ein Staat (oder dessen Oberhaupt) diese seine Maxime laut werden ließe, so würde natürlicherweise entweder ein jeder Andere ihn fliehen, oder sich mit Anderen vereinigen, um seinen Anmaßungen zu widerstehen, welches beweiset, daß Politik mit aller ihrer Schlauigkeit auf diesen Fuß (der Offenheit) ihren Zweck selber vereiteln, mithin jene Maxime unrecht seyn müsse.

b) „Wenn eine bis zur furchtbaren Größe (potentia tremenda) an-gewachsene benachbarte Macht Besorgnis erregt: kann man annehmen, sie werde, weil sie k a n n, auch unterdrücken wollen, und giebt das den Mindermächtigen ein Recht zum (vereinigten) Angriffe derselben, auch ohne vorhergegangene Beleidigung?“

112

2. "Direito das gentes". Não se pode falar em direito das gentes, a não ser supondo um estatuto jurídico, isto é, uma condição externa que permita atribuir realmente um direito ao homem. O direito das gentes, como direito público que é, implica já em seu conceito a difusão de uma vontade geral que determine a cada um o que é seu. Este instituto jurídico deve originar-se de algum contrato, o qual não necessita fundamentar-se em leis coativas – como o contrato originário do Estado –, mas que pode ser um pacto de associação constantemente livre, como já citamos anteriormente, quando falamos de uma federação de nações. Sem um estatuto jurídico que conglobe ativamente as diferentes pessoas físicas ou morais, caímos no estado de natureza, onde não já outro direito a não ser o privado. Surge aqui também uma oposição entre a política e a moral – considerada esta como teoria do direito –; e o critério da publicidade das máximas, encontra aqui também fácil aplicação, se bem no sentido de que o pacto une aos estados entre si e contra outros estados para manter a paz; mas de modo algum para fazer conquistas. Eis aqui os casos em que se manifesta a antinomia entre política e moral, e também a solução dos mesmos.

a) "Um Estado prometeu a outro alguma coisa, ajuda, cessão de territórios, subsídios, etc.". Ocorre um caso em que o cumprimento da promessa pode comprometer a tranquilidade do Estado. Rompe-se a palavra dada, sob o pretexto de que o representante do Estado tem uma dupla personalidade; é por uma parte soberano e ninguém, no seu Estado, tem que dar conta do que faz; é por outro lado primeiro funcionário do Estado, diante do qual responde pelos seus atos. É legítimo dizer que a promessa formulada pelo soberano não obriga ao funcionário? Se um Estado – ou um soberano – tornasse pública esta máxima, ocorreria naturalmente que os demais Estados evitariam o seu trato ou se uniriam contra ele para resistir às suas pretensões. Isso demonstra que a política, por mais hábil que seja, levada ao escaninho da publicidade, destrói os seus próprios fins. A máxima citada é portanto injusta.

b) "Uma nação cresce em poderio até o ponto de tornar-se temível. Outras nações mais débeis, acreditando que 'quererá' oprimi-las, posto que 'pode' fazê-lo, fingem ter direito em unir-se e atacá-la, mesmo que, se sua parte, não proceda nenhuma ofensa. É justa esta máxima?"

Ein Staat, der seine Maxime hier bejahend verlautbaren wollte, würde das Uebel nur noch gewisser und schneller herbeyführen. Denn die größere Macht würde der kleineren zuvorkommen, und, was die Vereinigung der letzteren betrifft, so ist das nur ein schwacher Rohrstab gegen den, der das diuide et impera zu benutzen weiß. Diese Maxime der Staatsklugheit, öffentlich erklärt, vereitelt also nothwendig ihre eigene Absicht, und ist folglich ungerecht.

c) „Wenn ein kleinerer Staat durch seine Lage den Zusammenhang eines größeren trennt, der diesem doch zu seiner Erhaltung nöthig ist, ist dieser nicht berechtigt, jenen sich zu unterwerfen und mit dem seinigen zu vereinigen?"

Man sieht leicht, daß der größere eine solche Maxime ja nicht vorher müsse laut werden lassen; denn, entweder die kleinern Staaten würden sich frühzeitig vereinigen, oder andere Mächtige würden um diese Beute streiten, mithin macht sie sich durch ihre Offenheit selbst unthunlich; ein Zeichen, daß sie ungerecht ist und es auch in sehr hohem Grade seyn kann; denn ein klein Objekt der Ungerechtigkeit hindert nicht, daß die daran bewiesene Ungerechtigkeit sehr groß sey.

3. Was das Weltbürgerrecht betrifft, so übergehe ich es hier mit Stillschweigen; weil, wegen der Analogie desselben mit dem Völkerrecht, die Maximen desselben leicht anzugeben und zu würdigen sind.

Man hat hier nun zwar an dem Princip der Unverträglichkeit der Maximen des Völkerrechts mit der Publicität, ein gutes Kennzeichen der Nichtübereinstimmung der Politik mit der Moral (als Rechtslehre). Nun bedarf man aber auch belehrt zu werden, welches denn die Bedingung ist, unter der ihre Maximen mit dem Recht der Völker übereinstimmen? Denn es läßt sich nicht umgekehrt schließen: daß, welche Maximen die Publicität vertragen, dieselbe darum auch gerecht sind; weil, wer die entschiedene Obermacht hat, seiner Maximen nicht heel haben darf. Die Bedingung der Möglichkeit eines Völkerrechts überhaupt ist: daß zuvörderst ein rechtlicher Zustand existire. Denn ohne diesen giebts kein öffentliches Recht, sondern alles Recht, was man sich außer demselben denken mag (im Naturzustande), ist bloß Privatrecht.

Um estado que afirmasse publicamente isso, provocaria dano com maior intensidade e imediatamente. A grande potência se adiantaria às pequenas, e, quanto à união das potências débeis, é um obstáculo levíssimo para quem sabe manejar o *divide et impera*. Assim, pois, essa máxima de habilidade política, caso se manifeste publicamente, destrói necessariamente o seu propósito e é portanto injusta.

c) "Se um Estado pequeno separa em dois pedaços o território de outra nação maior, sendo para conservação desta última necessária a reunião das duas partes, tem a nação forte o direito de subjugar e anexar a si a débil?"

Vê-se logo que a nação forte não pode proclamar em voz altissonante tal máxima, sem provocar imediatamente a união dos pequenos Estados ou sem excitar a cobiça de outros Estados fortes que desejariam também apoderar-se dos despojos; portanto, a publicidade da máxima torna-a irrealizável, sinal de que é injusta e de que pode sê-lo em elevado grau, pois uma injustiça pode ser bem grande, mesmo que o seu objeto ou a sua matéria sejam diminutos.

3. "Direito de cidadania mundial". Nada diremos acerca deste ponto, pois tem tão íntima semelhança com o direito das gentes, que as máximas deste lhes são facilmente aplicáveis.

O princípio da incompatibilidade das máximas do direito das gentes com a publicidade das mesmas, proporciona um excelente critério para conhecer os casos em que a política não se coaduna com a moral: como teoria do direito. Pois bem; qual é a condição sob a qual as máximas da política concordam com o direito das gentes? A conclusão inversa carece de validade: não se pode dizer que as máximas compatíveis com a publicidade são todas justas; com efeito, quem possui a soberania absoluta não necessita ocultar as suas máximas. A condição da possibilidade de um direito das gentes, em geral, é, antes de tudo, que exista um estado jurídico. Sem este não há direito público; todo direito que se cogite sem tal estatuto, isto é, num estado de natureza, será direito privado.

Nun haben wir oben gesehen: daß ein föderativer Zustand der Staaten, welcher bloß die Entfernung des Krieges zur Absicht hat, der einzige, mit der Freyheit derselben vereinbare, rechtliche Zustand sey. Also ist die Zusammenstimmung der Politik mit der Moral nur in einem föderativen Verein (der also nach Rechtsprincipien a priori gegeben und nothwendig ist) möglich, und alle Staatsklugheit hat zur rechtlichen Basis die Stiftung des ersteren, in ihrem größtmöglichen Umfange, ohne welchen Zweck alle ihre Klügeley Unweisheit und verschleyerte Ungerechtigkeit ist. — Diese Afterpolitik hat nun ihre Casuistik, trotz der besten Jesuiterschule — die reseruatio mentalis; in Abfassung öffentlicher Verträge, mit solchen Ausdrücken, die man gelegentlich zu seinem Vortheil auslegen kann, wie man will (z. B. den Unterschied des status quo de fait und de droit); — den Probabilismus böse Absichten an Anderen zu erklügeln, oder auch Wahrscheinlichkeiten ihres möglichen Uebergewichts zum Rechtsgrunde der Untergrabung anderer friedlicher Staaten zu machen; Endlich das peccatum philosophicum (peccatillum, bagatelle). Das Verschlingen eines kleinen Staats, wenn dadurch ein viel größerer, zum vermeyntlich größern Weltbesten, gewinnt, für eine leicht-verzeihliche Kleinigkeit zu halten *).

Den Vorschub hiezu giebt die Zweyzüngigkeit der Politik in Ansehung der Moral, einen oder den andern Zweig derselben zu ihrer Absicht zu benutzen. — Beydes, die Menschenliebe und die Achtung fürs Recht der Menschen, ist Pflicht; jene aber nur bedingte, diese dagegen unbedingte, schlechthin gebietende Pflicht, welche nicht übertreten zu haben derjenige zuerst völlig versichert seyn muß, der sich dem süßen Gefühl des Wohlthuns überlassen will. Mit der Moral im ersteren Sinne (als Ethik) ist die Politik leicht einverstanden, um das Recht der Menschen ihren Oberen Preis zu geben: Aber mit der in der zweyten Bedeutung (als Rechtslehre), vor der sie ihre Kniee beugen müßte, findet sie es rathsam, sich gar nicht auf Vertrag einzulassen, ihr lieber alle Realität abzustreiten, und alle Pflichten auf lauter Wohlwollen auszudeuten; welche Hinterlist einer lichtscheuen Politik doch von der Philosophie durch die Publicität jener ihrer Maximen leicht vereitelt werden würde, wenn jene es nur wagen wollte, dem Philosophen die Publicität der seinigen angedeihen zu lassen.

In dieser Absicht schlage ich ein anderes transcendentales und bejahendes Princip des öffentlichen Rechts vor, dessen Formel diese seyn würde:

---

*. Die Belege zu solchen Maximen kann man in des Herrn Hofr. Garve Abhandlung: „über die Verbindung der Moral mit der Politik, 1788," antreffen. Dieser würdige Gelehrte gesteht gleich zu Anfange, eine genugthuende Antwort auf diese Frage nicht geben zu können. Aber sie dennoch gut zu heißen, ob zwar mit dem Geständnis, die dagegen sich regende Einwürfe nicht völlig heben zu können, scheint doch eine größere Nachgiebigkeit gegen die zu seyn, die sehr geneigt sind, sie zu misbrauchen, als wohl rathsam seyn möchte, einzuräumen.

Mas já anteriormente vimos que uma federação de Estados, que tenha como fim exclusivo evitar a guerra, é o único estatuto jurídico compatível com a liberdade dos Estados. A concordância da política com a moral é, pois, só possível numa união federativa, a qual, portanto, é necessária e dada *a priori*, segundo os princípios do direito. Toda prudência ou habilidade política tem, portanto, como única base jurídica a instauração dessa união federativa com a maior amplitude possível, sem a qual a habilidade e a astúcia constituem ignorância e injustiça encobertas. Esta falsa política tem a sua casuística própria, como a melhor escola jesuítica: "a reserva mental", que consiste em redigir os tratados com expressões suscetíveis de serem interpretadas como melhor convenham; por exemplo, distinguindo o *status quo* de fato e de direito; (o probabilismo), que consiste em fingir que os demais abrigam perversas intenções ou vão provavelmente romper o equilíbrio para justificar dessa forma certo direito à espoliação e à ruína de outros Estados pacíficos; finalmente, o "pecado filosófico" ou "*peccatillum*" insignificante, que consiste em considerar com pequenez facilmente desculpável o fato de um Estado forte e poderoso conquistar a outro pequeno e débil para um maior bem da humanidade.[30]

A escusa de tal modo de proceder é costume buscar-se na dupla atitude que a política adota em relação aos dois ramos da moral. O amor aos homens e o respeito ao direito do homem são, ambos, deveres. Mas aquele é um dever condicionado; este, entretanto, é um dever incondicionado, absoluto. Antes de entregar-se à suave sensação de benevolência, deve-se estar seguro de não ter transgredido o direito alheio. A política se harmoniza facilmente com a moral no primeiro sentido, no sentido de Ética e benevolência universal, pois pouco lhe importa sacrificar o direito do homem em arras de algo superior. Mas tratando-se da moral no segundo sentido, o sentido de teoria do direito, a política que deveria inclinar-se respeitosamente diante dela, prefere não imiscuir-se em pactos e contratos, negar-lhe a toda realidade e reduzir todos os deveres a simples atos de benevolência. Esta astuta conduta de uma política tenebrosa resultaria completamente nula com a publicidade de suas máximas caso se atrevesse ao mesmo tempo a permitir que o filósofo também desse as suas à luz da publicidade.

Nesse sentido, atrevo-me a propor outro princípio transcendental afirmativo do direito público. A sua fórmula seria a seguinte:

---

30. Encontrar-se-ão exemplos de todas as máximas no tratado do conselheiro áulico Garve – *Da relação da moral com a política* –. Este respeitável sábio confessa de antemão que não pode dar à questão uma resposta completamente satisfatória. Mas aceitar a harmonia entre ambas as esferas, concedendo, contudo, que não é possível contestar todas as objeções, que contra ela se esgrimem, não é dar em demasia aos que sempre estão dispostos a fazer mau uso dessas objeções? (N.A.)

„Alle Maximen, die der Publicität bedürfen (um ihren Zweck nicht zu verfehlen), stimmen mit Recht und Politik vereinigt zusammen."

Denn, wenn sie nur durch die Publicität ihren Zweck erreichen können, so müssen sie dem allgemeinen Zweck des Publicums (der Glückseligkeit) gemäs seyn, womit zusammen zu stimmen (es mit seinem Zustande zufrieden zu machen), die eigentliche Aufgabe der Politik ist. Wenn aber dieser Zweck nur durch die Publicität, d. i. durch die Entfernung alles Mistrauens gegen die Maximen derselben, erreichbar seyn soll, so müssen diese auch mit dem Recht des Publicums in Eintracht stehen; denn in diesem Allein ist die Vereinigung der Zwecke Aller möglich. – Die weitere Ausführung und Erörterung dieses Princips muß ich für eine andere Gelegenheit aussetzen; nur daß es eine transcendentale Formel sey, ist aus der Entfernung aller empirischen Bedingungen (der Glückseligkeitslehre), als der Materie des Gesetzes und der bloßen Rücksicht auf die Form der allgemeinen Gesetzmäßigkeit zu ersehen.

Wenn es Pflicht, wenn zugleich gegründete Hofnung da ist, den Zustand eines öffentlichen Rechts, obgleich nur in einer ins Unendliche fortschreitenden Annäherung, wirklich zu machen, so ist der ewige Friede, der auf die bisher fälschlich so genannte Friedensschlüsse (eigentlich Waffenstillstände) folgt, keine leere Idee, sondern eine Aufgabe, die nach und nach aufgelöst, ihrem Ziele (weil die Zeiten, in denen gleiche Fortschritte geschehen, hoffentlich immer kürzer werden) beständig näher kommt.

"Todas as máximas que necessitem de publicidade para conseguir o que propõem concordam por sua vez com o direito e a política reunidos".

Se somente por meio da publicidade podem alcançar o fim a que se propõem, é porque concordam com o fim geral do público, a felicidade; o problema real da política é este: alcançar a felicidade do público, conseguir que todo o mundo fique contente com a própria sorte. Se, portanto, esse fim se consegue por meio da publicidade das máximas, dissipando toda desconfiança acerca das mesmas, é porque estas máximas se harmonizam com o direito do público, que constitui a única base possível para a união dos fins particulares de todos. Deixemos para outra ocasião o desenvolvimento deste princípio; observa-se tão-somente que é, efetivamente, uma fórmula transcendental, se bem que prescindimos de todas as condições empíricas da felicidade, como matéria da lei, tendo-nos referido exclusivamente à forma da legalidade em geral.

Se é um dever, e ao mesmo tempo uma esperança, contribuirmos todos para realizar um estado de direito público universal, mesmo que seja só em aproximação progressiva, a ideia da "paz perpétua", que se deduz dos até hoje falsamente chamados tratados de paz – na realidade, armistícios –, não é uma vã fantasia, mas um problema que vai resolvendo pouco a pouco, aproximando-nos prontamente do fim almejado, já que o movimento do progresso há de ser, no futuro, mais rápido e eficaz do que no passado.